인류 역사상 가장 유명한 탐정 캐릭터인 셜록 홈스를 창조한 코넌 도일. 셜록 홈스 시리즈의 성공으로 부와 명성을 거머쥔 그가 자택 윈들셤 거실에서 책을 읽고 있다.

칼턴힐에서 내려다본 에든버러

스코틀랜드의 찬란한 문학적 유산은 에든버러에서 꽃을 피웠다. 높이 100미터의 그리 높지 않은 칼턴힐에 올라서면 과거와 현재가 어우러진 에든버러 시내가 한눈에 들어온다. 칼턴힐에서는 코넌 도일이 태어났다고 알려진 피카디플레이스도 시야에 담긴다. 칼턴힐에서 도보로 10분가량 걸리는 곳에 있던 그의 생가는 현재 헐려 없어졌고 그 자리에 셜록 홈스 동상이 자리를 지키고 있다.

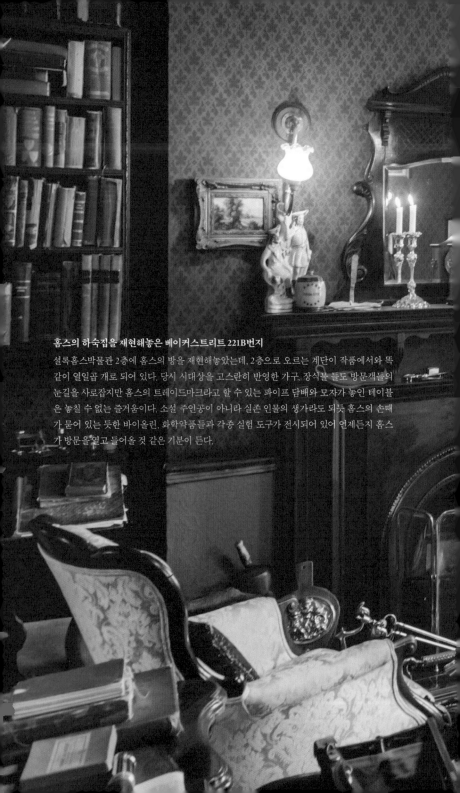

홈스의 하숙집을 재현해놓은 베이커스트리트 221B번지

셜록홈스박물관 2층에 홈스의 방을 재현해놓았는데, 2층으로 오르는 계단이 작품에서와 똑같이 열일곱 개로 되어 있다. 당시 시대상을 고스란히 반영한 가구, 장식물 들도 방문객들의 눈길을 사로잡지만 홈스의 트레이드마크라고 할 수 있는 파이프 담배와 모자가 놓인 테이블은 놓칠 수 없는 즐거움이다. 소설 주인공이 아니라 실존 인물의 생가라도 되듯 홈스의 손때가 묻어 있는 듯한 바이올린, 화학약품들과 각종 실험 도구가 전시되어 있어 언제든지 홈스가 방문을 열고 들어올 것 같은 기분이 든다.

❶ 피카디플레이스 에든버러
위대한 스토리텔러가 태어난 곳

도일은 중산층 가정에서 태어나지만 아버지의 알코올의존증으로 집안이 점차 위태로워지면서 순탄치 않은 유년을 보내게 된다. 그는 어린 시절 어머니가 들려주는 모험 이야기에서 훗날 작가로서의 자양분을 얻었다. 도일이 태어난 피카디플레이스 11번지에는 현재 홈스 동상과 작은 동판만이 남아 있다.

❷ 에든버러대학 에든버러
작품 속 캐릭터들의 영감을 얻다

에든버러대학에 진학해 의학을 전공한 도일은 스승인 조지프 벨 교수에게서 영감을 받아 훗날 홈스를 탄생시켰다. 그는 대학에서 만난 이들을 모델로 삼아 홈스 외에도 여러 작품의 주요 캐릭터를 만들어냈다. 홈스에 버금가는 인기를 누린 천재 과학자 챌린저 교수의 모델이 되는 러더퍼드 교수를 만난 곳도 이곳이다.

❸ 포츠머스 햄프셔
셜록 홈스 시리즈의 탄생지

1882년 도일은 포츠머스로 건너가 병원을 개업했다. 병원을 찾는 이들이 없을 때면 그는 소설을 썼고 그중에는 셜록 홈스 시리즈의 첫 장편소설인 『주홍색 연구』도 있다. 도일은 이곳에서 결혼했고, 말년에 번 돈을 모두 쏟아부으면서 심취하는 심령술을 처음 알게 된 곳도 이곳이다.

❹ 라이헨바흐폭포 마이링겐
「마지막 사건」의 무대

도일은 자신의 삶이 홈스에게 휘둘리고 있다고 생각하여 「마지막 사건」에서 그를 없애버렸다. 홈스가 숙적 모리아티 교수와 몸싸움을 하다가 떨어져 죽은 장소로 알려진 곳이 바로 라이헨바흐폭포다. 도일이 이곳에 방문한 뒤 소설을 썼기에 폭포 근처에 코넌도일광장이 조성되어 있으며, 그곳에 홈스 동상과 홈스에게 헌정된 박물관이 있다.

❺ 셜록홈스박물관 런던
셜로키언들의 성지

작품 속 홈스와 왓슨의 집을 재현해놓은 곳으로, 1990년에 문을 열었다. 박물관의 실제 주소는 239번지이지만 작품의 폭발적인 인기에 힘입어 베이커스트리트역 부근에 소설 속 가상 주소인 221B번지로 운영하고 있다. 홈스와 도일의 작은 흔적이라도 찾고 싶은 셜로키언들로 발 디딜 틈이 없다.

❻ 라이세움극장 런던
셜록 홈스 시리즈를 무대에 올리다

많은 사람들이 열광한 단편소설 「보헤미아 왕국 스캔들」과 「마지막 사건」을 바탕으로 한 연극 〈셜록 홈스〉의 공연이 이루어진 곳으로, 이 연극 각색에 도일이 공동 참여했다. 그의 장편소설인 『네 사람의 서명』에 등장하는 장소로도 유명한데, 이 소설에 당시 극장 앞 풍경이 생생하게 묘사되어 있다.

❼ 다트무어 데번
『바스커빌 가문의 개』의 배경지

도일은 황량한 아름다움으로 가득한 다트무어를 산책하며 작품의 영감을 얻곤 했다. 그가 이곳을 배경으로 쓴 소설이 『바스커빌 가문의 개』다. 불가사의한 지옥 개의 전설이 내려오는 배스커빌 가문의 연이은 비극을 다룬 이 작품은 다트무어의 황무지 속 분위기와 어울려 몰입감이 배가된다.

❽ 민스테드교회 묘지 햄프셔
코넌 도일이 잠든 곳

1930년 도일은 심령론을 알리는 데 애쓰다가 심장마비로 쓰러져 세상을 떠난다. 마지막 순간에 부인 레키에게 "당신은 멋진 사람이야"라는 말을 남겼다고 알려져 있다. 도일의 시신은 윈들셤 자택의 장미 정원에 묻혔다가 뉴포레스트의 민스테드교회 묘지에 이장되었다. 그의 묘비에는 '강철처럼 진실하고 칼날처럼 곧게'라는 문구가 새겨져 있다.

일러두기

— 단행본, 장편소설, 소설집은 겹낫표(『 』)로, 단편소설, 논문, 책의 일부는 홑낫표(「 」)로,
　신문, 잡지는 겹화살괄호(《 》)로, 영화, 연극, 드라마 등의 작품명은 홑화살괄호(〈 〉)로 표
　기했다.
— 외래어 표기는 국립국어원 외래어표기법을 따랐으나, 통용되는 일부 표기는 허용했다.
— 셜록 홈스 시리즈의 작품명 및 본문 인용의 외래어표기법은 『셜록 홈즈 전집』(황금가지,
　2019)을 따랐다.

코넌 도일

×

이다혜

셜록 홈스를 창조한 추리소설의 선구자

arte

자동차를 타고 있는 도일

빅토리아시대는 1837년부터 1901년까지 빅토리아 여왕이 다스리던 때를 일컫는다. 도일의 삶
은 영국 역사상 최고의 번영을 구가한 빅토리아시대를 관통하는데, 덕분에 그는 정치, 경제, 문
화 발전의 수혜를 누릴 수 있었다. 과학의 발전에 힘입어 오늘날 영화의 전신인 활동사진기가
나왔으며 자동차가 이동 수단으로 쓰이기 시작했다. 도일은 언제나 시대의 발명에 뒤처지지
않고 앞선 문물을 적극적으로 받아들였으며 자신이 경험한 모든 것들을 작품 속에 녹여냈다.

CONTENTS

밤은 끝나지 않는다

나의 셜록 홈스기

나는 셜록 홈스 같은 명탐정이 되고 싶었다. 런던의 하숙집에서 존 H. 왓슨 같은 파트너와 함께 살며 의뢰인이 흥미진진한 사건을 가지고 찾아오기를 기다리고, 그 사건을 해결하기 위해 밤거리를 활보하다가 어둠 속으로 사라지고, 또 무엇보다도 세상은 모르지만 (언제나 경찰이 모든 사건을 해결했다고 발표하니까) 실상은 모든 비밀을 아는 사람이 되고 싶었다.

어린아이들에게는 '공룡기'라는 것이 있다고 한다. 공룡에 대한 모든 것을 좋아하고, 암기하고, 그 세계 안에서 살아가는 시기가. 세상 모든 독서가에게는 '셜록 홈스기'가 있을 것이다. 그는 초등학교 저학년 시절 일러스트가 잔뜩 들어간 축약본 탐정소설과 운명적으로 만난다. 매부리코에 파이프 담배를 입에 물고 사냥용 모자와 망토 달린 외투를 입은 남자가 그 안에 있다. 그는 종종 둥근 돋보기를 손에 들고 무언가를, 아마도 진실을 들여다보는 듯 골몰한다. 어린 독서가는 이내 그가 나오는 꿈을 꿀 만큼 그의 모든 모험에 빠져들게 된다. 하지만 모험과 발견의 낭만으로 가득 찬 동화책에서와 달리 여기에는 '살인 사건'이 있다. 그리고 명민한 탐정이 그 사건을 해결한다. 한 글자씩 글을 읽고 또 읽다가 그다음에는 그림을 샅샅이 살핀다. 현장의 셜록 홈스, 응접실에 앉은 셜록 홈스, 권태로운 셜록 홈스, 무언가를 알아낸 셜록 홈스는 이제 영원히 잊히지 않을 기억으로 남는다. 세상의 모든 것에는 이면이 존재하고, 어린 독서가는 그 이면을 읽기 위해 홈스의 비법을 배우고자 몰입한다.

나는 처음 읽은 홈스 소설이 어떤 것인지 정확히 기억하지 못하지만 쉬지 않고 소설을 읽은 일만은 선명하게 떠오른다. 식구들이 잠든 시간을 기다렸다가 읽은 책을 또 읽기 위해 불을 켜곤 했다. 소설 속 홈스는 언제나 살아 뛰어다녔다. '이보게, 왓슨!' 하는 부름이 들려올 때면 나는 자세를 바로하고 앉았다. 홈스의 세계는 언제나 흠 없는 방식으로 '완결'되었으며, 홈스가 모르는 것은 세상에 존재하지 않았다. 글자 옆 삽화들은 나를 더욱더 흥분하게 만들었다. 읽은 기억이 가장 선명한 소설은 『바스커빌 가문의 개』인데, 그 작품이 너무나 무서웠기 때문이다. 나는 두려움에 떨며 거대한 개가 나오는 사건이 해결되기를 바랐다. 이야기가 무서워서 눈을 다른 데로 돌리고 싶었으나, 오히려 그 때문에 눈을 뗄 수 없었다.

그러다가 '무삭제판' 홈스를 접했다. 영어를 어느 정도 읽을 수 있는 고등학생 무렵에 unabridged(무삭제)라는 단어가 적힌 두꺼운 홈스 페이퍼백 두 권을 처음으로 샀다. 모든 페이지를 샅샅이 읽는 동안 우리 집 개도 그 책이 마음에 들었는지 책 귀퉁이를 다 물어뜯어놓는 바람에 나는 가위로 그 부분을 도려내야 했다. 새 책을 살 돈이 생길 때까지 너덜너덜해진 그 책들은 내 방에서 이리저리로 굴러다녔다. 그리고 2002년에 한 출판사에서 셜록 홈스 전집이 나왔을 때 출간을 기념해(내가 왜 기념했는지?) 다시 읽었고, 2016년에 또 다른 출판사에서 셜록 홈스 전집이 출간되었을 때도 그것을 기념해(나는 대체 왜?) 또 읽었다. 그사이 독서량이 늘어서인지 어떤 부분은 진부하다고 느끼기도 했지만, 또 어떤 부분은 당황스러울 만큼 생생하게 떠올랐다.

홈스는 잊을 만하면 만화, 영화, 드라마로 재탄생했다. 그중에는 셜록 홈스라는 이름을 쓰지 않은 홈스의 후계도 있다. 미국 드라마 〈하우스〉가 대표적으로 그렇다. 환자가 말하지 않은 것들조차 읽어내고 병명을 진단하는 그레고리 하우스 박사가 못돼먹었다고밖에 할 수 없을 만큼 자신의 지성을 자랑하는 점이 일단 그렇고, 그와 가장 친한 동료 의사(랄까 하우스 박사가 저지르는 사건 사고를 수습하는 일에 신물이 난 사람이랄까) 이름이 존 왓슨과 이니셜이 같은 제임스 윌슨이라는 점은 또 어떤가. 병명을 알아내려는 의사는 사건을 해결하려는 탐정과 근본적으로 유사한 환경에서 일한다. 심지어 환자/의뢰인은 도움을 구하려고 찾아간 의사/탐정에게 필요한 모든 것을 사실대로 말하지조차 않는다!

무엇이 그토록 나를 홈스에 빠져들게 만들었을까? 신기할 정도로, 홈스 이야기는 범인이 잘 기억나지 않는다. 다시 읽을 때마다 홈스라는 캐릭터와 사건의 특이한 초반 전개는 기억나는데, 범인이 밝혀지는 부분에 가면 흥이 떨어진다고 해야 하나. 뜻밖의 인물을 범인으로 내세우는 충격요법의 시대, 반전의 반전의 반전의 시대인 지금은 찾아보기 어려운 일이다. 범인이 중요하다면 범인을 안 순간 재독의 즐거움은 반감된다. 하지만 셜록 홈스 시리즈는 그렇지 않았다. 내가 이 시리즈를 좋아한 가장 큰 이유는 홈스의 잘난 척 대잔치 때문이었다. 나는 의뢰인이 도착하기를 기다리는 권태로운 홈스의 아침과 점심, 저녁 풍경과, 창밖에서 들리는 마차 소리와 1층의 문이 열리고 닫히는 소리, 허드슨 부인이 손님이 왔음을 알리는 소리를 매번 즐거운 마음으로 읽는다. 의뢰인이 등장함과 동시에 홈스가 그에 대한 시시콜콜한 사실을 밝혀내는 추리 쇼를 시작하는 순간이 신난다.

내가 10대를 보낸 1980년대 말부터 1990년대 초에는 지금처럼 추리소설이 많이 출간되던 시기가 아니었기에 언제나 내가 책을 읽는 속도가 출간 속도보다 빨랐으며, 설령 책이 나오더라도 대부분은 정식 저작권 계약을 하지 않은 일본어 중역본들이었다. 1980년대 중반에 접했던 어린이를 위한 삽화본 추리 퀴즈, 추리 문고 들의 공통점 중 하나는 무려 지능 발달에 도움이 된다는 허위 과장 광고가 뒤표지에 실려 있었다는 것이다. '추리'이기 때문이었겠지? 어린이의 상상력 발달을 위한 추리 퀴즈 책은, 나중에야 알게 되었지만, 이른바 이후 읽은 추리소설의 스포일러집이었다.

추리 퀴즈란 무엇인가. 트릭을 푸는 것이다. 예컨대 도둑이 설원으로 달아났다. 설원에는 그의 발자국이 찍혔는데, 한복판에서 그 발자국이 끊겨 있다. '중간에 끊긴 발자국' 퀴즈의 답은 어떤 때는 '왔던 길을 되밟고 사라졌습니다'였고, 또 어떤 때는 '공범이 타고 온 기구에 탑승해 하늘로 사라졌습니다'였다. 나는 추리 퀴즈를 맞히는 데 별 재능이 없었기에 분한 마음이 들 때면 홈스를 읽었다. 지금 생각하면, 부모가 어린이들에게 책을 쥐여주게 할 가장 유혹적인 홍보 문구가 지능 발달이었으리라. 어쨌거나 나는 즐거웠다네.

'셜록 홈스'는 이름 자체가 뛰어난 추리력을 뜻하는 은유였다. '홈스 같다'는 말은 언제나 '추리하다'와 동급이었다. 미스터리한 사건을 다루는 많은 픽션과 논픽션은 그런 맥락에서 홈스를 언급한다. 『플라워 문』이 그렇다. 1920년대 석유가 솟아나던 미국 중남부 도시에서 1인당 소득이 세계에서 가장 높았던 부유한 인디언들이 수년에 걸쳐 살해당한 사건을 다룬 이 논픽션에서는 홈스의 이름이 다섯 번 나온다. 사립 탐정의 수사 관행을 설명하기 위해 "셜록 홈스처럼"이라고 하고, 셜록 홈스의 좌우명("불가능한 것을 배제하고 남는 것이 바로 진실이라는 것입니다. 그것이 아무리 믿어지지 않는 사실이라고 해도 말이지요")을 인용하며, 실제 사건과 홈스 소설을 비교한다. 도일이 사립 탐정 윌리엄 J. 번스에게 "미국판 셜록 홈스"라는 별명을 지어주었다는 이야기도 나온다.

하지만 도일의 셜록 홈스 시리즈는 '수수께끼'라는 데 방점이 찍힌 사건들을 자주 다루었다. 「빨간 머리 연맹」처럼. 아마도 그래서 나는 글을 읽을 수 있게 되었을 때부터 시작된 홈스 소설과 고전 미스터리 소설에 대한 애호를 오래 이어갔는지도 모르겠다.

셜록 홈스 시리즈 단편과 더불어 미국의 시인 겸 소설가, 평론가인 에드거 앨런 포의 「도둑맞은 편지」가 대표적일 텐데, 꼭 살인 사건만 소재가 되는 것은 아니었고 언제나 사건은 말끔하게 해결되어 찜찜함을 남기지 않고 마무리된다. 실제로 이성에 대한 믿음이 추리소설이라는 장르의 태동, 그 바탕에 깔려 있었다.

셜록 홈스의 그림자

영국이 제국주의를 반성하지 않으며 그저 앞만 보고 달리던 시대의 산물이 홈스였다. 종교의 자리를 과학과 이성이 대체하던 19세기에 속죄는 사후세계에서 신과 해결해야 하는 문제가 아니라, 현실에서 법률로 엄격하게 다루어야 할 사안으로 자리 잡아갔다. 도시화 역시 19세기 유럽의 추리소설 태동에 영향을 주었다. 이웃사촌끼리 모든 비밀을 공유하던 공동체사회는 그 구성원을 도시에 빼앗겼다. 이웃이 누구인지 알지 못하는, 일자리를 위해 고향을 떠나

런던 곳곳에서 볼 수 있는 셜록 홈스의 그림자 초상
런던을 거닐다 보면 홈스의 그림자 초상이 눈에 띈다. 그림자 초상은 18~19세기 유럽에서 널리 유행한 것으로, 얼굴 윤곽을 따라 오리거나 그려서 만든 측면 초상을 말한다. 많은 사람들이 사냥용 모자를 쓰고 파이프 담배를 입에 문 옆모습의 이미지를 맞닥뜨리면 자연스럽게 홈스를 떠올린다. 그래서일까. 홈스의 유명세와 인기에 힘입어 그를 모티프로 한 상품들이 꾸준히 제작되고 있다. 셜록 홈스 시리즈가 첫선을 보인 지 130년이 흘렀지만 지금도 그 캐릭터는 살아 숨 쉬며 생생하게 남아 있다.

온 사람들이 도시에서 방을, 집을 구해 살게 되었다. 익명이 된 개인들이 모여 사는 도시에서, 범죄는 누구나 짐작 가능한 동기와 용의자로 답이 좁혀지는 대신 미궁에 빠진 '수수께끼'가 된다. 이런 대도시에 범죄 해결 전문가가 등장한 것이다. 지금까지도 미결로 남은 잭 더 리퍼의 연쇄살인 사건이 홈스가 세상에 나온 1887년으로부터 1년이 지난 시점에 발생해 런던을 공포에 몰아넣었다. 그로 인해 사람들은 언제나 명쾌하게 사건을 해결하며 강력한 존재감을 드러내는 자문 탐정 홈스가 실존 인물이기를 바라기 시작했다.

코넌 도일의 가장 뛰어난 점은 홈스를 실존 인물처럼 받아들이게 만든 생생한 캐릭터 조형에 있다. 독자들은 베이커스트리트 221B번지로 사건을 의뢰하는 편지를 보냈고 홈스가 죽음을 맞이했을 때는 그를 추모하는 열기로 런던 시내가 떠들썩했을 정도였다. 셜록홈스박물관은 런던의 가장 인기 있는 관광 명소 가운데 하나인데, 그 비결은 모든 사람이 홈스라는 사람을 알고 있다고 느끼고 그의 생활공간을 궁금해한다는 데 있다. 소설 속 어떤 캐릭터가 이보다 더 생생할 수 있을까.

홈스의 외양은 일관되게 설명되며, 그가 의뢰인을 만났을 때 하는 행동 역시 언제나 우리의 예상을 벗어나지 않는다. 어떤 의뢰인이 찾아오더라도 그가 말하지 않은 사실까지 정확하게 추론해내는 홈스의 지적 능력은 예상을 뛰어넘지만, 홈스가 잘난 척으로 의뢰인을 당황하게 하리라는 사실을 예상하지 못하는 독자는 없다. 왓슨이 군의관을 지냈고 전장에서 총상을 입어 퇴역했다는 사실은 잘 알려져 있으나 그가 부상을 입은 곳이 어깨인지 다리인지는 도일조차 일관되게 설명하지 못한다(둘 다 언급되어 있다). 하지만 홈스라면, 그의 실루엣만으로도 누구나 알아볼 수 있는 까닭에 온갖 캐릭터 상품이 계속해서 만들어지고 있다. 그 모자와 그 파이프 담배, 그 망토, 그 콧날, 키가 껑충하고 마른 몸. 왓슨 외의 사람에게는 별 관심 없어 보이기까지 하는 냉담한 일면과 왓슨이 읽어내곤 하는 그의 속마음. 홈스라는 캐릭터는 너무나 일관성 있게 묘사되기에 그로부터 영감을 얻은 캐릭터들이 숱하게 나오는 순간에도 독자는 홈스의 그림자를 금방 알아차린다.

어른들의 도움 없이 혼자 처음 책을 읽을 수 있게 되었을 때는 물론 셜록 홈스 전집을 내 돈으로 살 수 있는 성인이 된 이후에도 무료할 때마다 책장을 다시 뒤적이며, 장편소설과 단편소설을 몇 번이고 읽고 상상한 홈스는 외양부터 말투, 사람을 대하는 태도까지 전부 나의 내면에서 반복적으로 학습되었다. 때로는 왓슨이 답답하게 느껴질 정도였다. 이보게, 왓슨, 정말 이렇게 벽창호처럼 굴 텐가? 하지만 다시 읽어보면, 이 모든 것이 도일이 홈스에게 의도적으로 스포트라이트를 집중시켰기 때문이라는 것을 알게 된다. 스포트라이트가 한 사람에게 집중되면 다른 사람들의 존재감은 희미해질 수밖에 없다.

이쯤에서 왓슨을 위한 해명이 필요할 듯하다. 왓슨이라는 존재야말로 홈스를 돋보이게 하는 도일 최고의 발명이라는 점을 간과할 수 없다. 홈스가 추리력을 발휘하기 전까지, 독자는 새로 방문한 의뢰인을 홈스처럼 관찰할 기회를 제공받지 못한다. 우리는 왓슨과 같은 위치에서 용한 점쟁이처럼 척척 알아맞혀 의뢰인조차 놀라게 만드는 홈스의 능력에 그저 함께 놀랄 뿐이다. 그리고 독자인 내가 놀라기에 앞서 왓슨이 감탄하고 있다. 이 모든 기록은 왓슨의 손에서 이루어졌기에 우리는 홈스의 심리는 몰라도 왓슨의 심리만큼은 꿰뚫고 있다. 도일은 전지적시점에서 사건을 탐구하고 탐정의 활약을 묘사하는 신과 같은 위치를 점하는 대신, 탐정의 '뛰어남'을 직접 체험함으로써 독자와 같은 위치에서 놀라고 즐거워하는 서술자를 내세웠다. 그가 바로 왓슨이다.

타이완의 인문학자 양자오는 추리소설의 계보를 다룬 책에서 이렇게 말한다. "도일은 세심하게도 전지적시점과 일인칭시점 사이, 객관과 주관 사이에 놓이는 신선한 서사 방법을 발명했다. 소설의 문장과 사건 기록은 모두 왓슨의 시점을 거친 것으로 주관적 판단과 강한 호불호가 뒤섞인 그의 정서가 독자에게 전달되어 독자의 마음에 스며든다. 이를 통해 우리는 홈스의 사건 조사와 모험 과정을 알게 되는 것만이 아니라 왓슨과 함께 경험한다. 왓슨은 우리에 가깝고, 우리처럼 평범하다."(양자오, 『추리소설 읽는 법』, 이경민 옮김, 유유, 62쪽)

"내게 가장 큰 보상은 일 자체, 나만이 가진 능력에 걸맞은 분야를 발견하는 기쁨일세."(『네 사람의 서명』, 백영미 옮김, 황금가지, 10쪽) 홈스는 사건(비단 살인 사건에만 국한하지 않는다)을 해결할 때 가장 즐거워하며 누구보다 뛰어나다. 보통 사람들이 쉽게 지나치는 단서들을 포착하고, 수집하고, 재구성해 진실을 찾아낸다. 읽는 순간 전율이 이는 다음과 같은 대목들 말이다.

단편집 『셜록 홈즈의 회상록』에 수록된 「실버 블레이즈」는 뛰어난 경주마의 실종과 그 말의 조련사가 살해된 사건을 다룬 작품이다. 홈스는 사건을 수사하기 위해 왓슨과 함께 다트무어로 향하고, 현장을 살핀 뒤 목장의 양 세 마리가 다리를 절게 되었다는 말을 마구간 소년에게서 전해 듣고 웃는다. "왓슨, 내 예상이 적중했군. 적중했어." 여느 때처럼 혼자 진실을 알아채고 저 잘난 홈스 때문에 말 주인인 로스 대령부터 현장에 동석한 경위까지 어리둥절해한다. 이윽고 경위가 홈스에게 묻는다.

> "제가 주목해야 할 점이 더 있습니까?"
> "그렇습니다. 그날 밤 개의 이상한 행동을 놓치지 마시오."
> "그날 밤 개는 전혀 짖지 않았습니다."
> "그게 바로 이상한 행동이오."
> —「실버 블레이즈」, 『셜록 홈즈의 회상록』, 백영미 옮김, 황금가지, 43쪽

짖어야 할 개가 짖지 않았다는 "이상한 행동". 현장을 살피고, 홀로 숙고하며, 남들이 읽지 못하는 단서에 의미를 부여해 사건을 해결하는 탐정. 도일이 만들고 홈스가 풀어낸 퍼즐이 읽는 이를 홀리는 방식이다. 이 드라마의 중심에 누구나 알고 있는 생생한 '캐릭터'가 있기에, 홈스는 이제 시간과 공간을 초월해 존재할 수 있는 이야기가 되었다. 하지만 모든 이야기의 시작점은 언제나 런던이다. 지금도 홈스 시대의 흔적이 남아 있는 그 도시로 떠나지 않을 도리가 없다. 홈스의 부고가 떠들썩하게 뒤흔들었던 도시, 런던으로 첫 여정을 떠나자.

『네 사람의 서명』의 무대가 된 템스강

홈스는 도시의 가장 낮은 부분인 빈민가 뒷골목부터 템스강까지 종횡무진하며 사건을 해결했다. 『네 사람의 서명』에서 홈스와 왓슨, 레스트레이드 경감이 템스강에서 기선을 타고 악당과 추격전을 벌이는 장면을 떠올리며 강변을 따라 걸었다. 템스강을 사이에 두고 런던아이와 빅벤이 마주 보고 있다.

01

셜록 홈스를 죽인
사나이

베이커스트리트 221B번지

1863년에 개통된 베이커스트리트역은 런던에서 가장 오래된 전철역 가운데 하나다. 세계 최초의 지하철이 런던에 놓였다는 점을, 그리고 김정호의 대동여지도가 1861년에 제작되었다는 점을 감안한다면 이 도시가 얼마나 빠르게 발전하고 팽창하던 중이었는지 쉽게 상상할 수 있다. 역사 내부에 있는 무쇠로 된 거대한 문은 그 시대를 보여주는 유물 중 하나다. 아치형 들보가 있는 이 문 옆에는 기념비와 함께 제1차 세계대전에서 목숨을 잃은 청년들을 위한 추도문구가 새겨져 있다. 이 역의 승강장에서 가장 흥미로운 부분은 홈스의 옆모습을 타일로 바른 벽이나, 소설 속 그의 활약상을 삽화로 옮겨놓은 곳들이다. 삽화들은 그냥 지나칠 수 없을 만큼 거대하며, 작품 속 어떤 장면을 그려 넣은 것인지 누구나 쉽게 알아볼 수 있도록 되어 있다.

역 정면에는 홈스의 동상이 서 있다. 처음 이 동상을 보았을 때는 잠시, 이렇게 실제 사람을 본뜬 것처럼 만들었단 말인가 싶었는데, 에든버러에도 비슷한 동상이 있다는 사실을 떠올리면 홈스가 작품 속 피조물인지 실존 인물인지를 모두가 기꺼이 혼동하고 있는지도 모르겠다는 생각이 든다. 동상은 당신이 아는 홈스 그대로의 모습으로, 외투에 모자를 쓰고 파이프 담배를 든 채다.

베이커스트리트역에서 밖으로 나오면 왼쪽에는 1802년부터 자리를 지킨 밀랍인형박물관이 위치한 메릴본하이스트리트가 뻗어 있다. 에든버러에 살던 10대 무렵의 도일이 예술가 친척들을 방문하기 위해 런던을 찾은 적이 있는데, 그때 밀랍 인형을 구경한 적이 있다고 한다. 밀랍 인형들은 유명인과 악당 들을 본뜬 것이었는데, 특히 교수형을 당한 살인범과 잘린 머리가 인기가 많았다. 그중에는 도일의 고향 에든버러에서 악명 높던 살인자 윌리엄 버크와 윌리엄 헤어의 밀랍 인형도 있었다. 두 사람은 에든버러 유령 투어에서 빠지지 않고 언급되는 시체 강탈범으로, 그들은 사람을 죽이고 나서 그 시체를 에든버러 의대에 해부용으로 팔아넘기곤 했다. 도일의 대학 시절에 교수가 '상품'에 든 멍이 죽은 후에 생긴 것이라는 이들의 주장을 증명하고자 해부실에서 시체를 두들겨 팼다는 이야기도 전해진다.

역을 나와 오른쪽 모퉁이를 돌면 베이커스트리트가 나온다. 이 길을 따라 5분 정도 걸으면 당신도 나도 아는 그 주소, 전 세계 추리소설 독자라면 누구나 암기할 유일한 탐정의 집 주소인 베이커스트리트 221B번지가 나온다. 현재 이곳에는 전 세계 셜로키언과 도일리언 들의 성지인 셜록홈스박물관이 들어서 있다.

베이커스트리트역

도일이나 홈스의 팬이라면 꼭 방문하는 곳이 베이커스트리트다. 역에서부터 홈스의 도시라
는 생각이 들 만큼 그와 관련된 것들로 가득하다. 베이커스트리트역은 홈스를 모티프로 디자
인되었는데, 승강장마다 홈스 문양이 들어간 타일이나 작품 속 삽화로 꾸며져 있다.

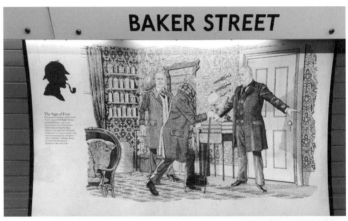

나는 입구에 길게 늘어선 줄을 보고 들어가기를 포기했던 적이 몇 번 있지만 오늘은 줄을 서본다. 이곳은 어느 계절이든 어느 시간대든, 설령 문을 닫기 직전이라 하더라도 늘 사람들로 붐빈다. 무작정 줄을 섰다가 사람들 손에 든 입장권을 보고 기념품점으로 가 입장권을 구입했다. 박물관 앞에는 빅토리아시대 경찰복을 입은 남자(즉 가짜 경찰)가 서 있는데, 입장하기 전 사람들의 흥분감을 한껏 끌어올리는 설정이다. 2층부터는 '홈스와 왓슨의 집'이다. 이론상으로 1층의 거주자는 집주인인 허드슨 부인이어야 하니, 현재 이 집의 주인은 손님들에게 물건을 파는 기념품점인 셈이다. 이곳에서는 거의 모든 사람들이 홈스가 썼을 법한 디자인의 모자를 한 번씩 착용해본다. 나도 써봤다.

박물관이 들어서 있는 곳은 베이커스트리트에서도 비교적 오래된 구역이다. 베이커스트리트의 북쪽은 홈스 시대에는 어퍼베이커스트리트라고 불리다가 1930년 1월 1일부터 베이커스트리트로 명명되었다. 참고로 1880년대 이곳은 집값이 꽤 비싼 동네였다. 『셜록 홈스의 발자취를 따라서』에서는 식사를 포함하여 실내에서 권총 쏘기, 화학 실험이 가능한 방 두 개가 딸린 아파트의 임대료를 주당 3파운드에서 4파운드로 추정했다. 이 액수면 왓슨이 받는 연금의 절반에 육박하는 돈을 써야 했으리라는 추론이 가능하다고.

베이커스트리트 221B번지는 『주홍색 연구』에 처음 등장하는데, 이후 홈스 소설에서 우리는 이 주소를 수없이 마주하게 된다. 그런데 홈스 시대에는 221번지와 비슷한 주소조차 존재한 적이 없었다. 셜록홈스박물관이 베이커스트리트 221번지 B호를 입구에 내걸고 있지만, 실제 주소는 239번지다. 수많은 셜로키언들은 221B번지의 모델이 된 집이 어디인지 알고 싶어 했는데, 도일은 매우 중요한 이유가 있다면서 이를 밝히기를 거부했다. 그 결과 이 길의 수많은 집이 후보에 올랐다.

아마도 홈스와 관련한 가장 거대한 거짓말이 이 집일 텐데, 그가 실존 인물이 아니니 박물관이 있다는 것 자체가 전부 허구의 산물이기 때문이다. 심지어 가상 인물인데도 집 외벽에는 '221B 셜록 홈스, 자문 탐정, 1881~1904'라고 새겨진 블루 플래크가 보인다. 실존 인물이 살았던 건물에 붙이는 블루 플래크는 오래된 건축물이 그대로 남아 있는 런던의 역사를 고스란히 보여준다. 한때 그곳에 누가 살았는지를 알려주는 동시에(어떤 건물에는 블루 플래크가 두 개 붙어 있기도 하다) 지금도 여전히 다른 사람의 거주지로 쓰이고 있다는 것을 드러낸다. 그래서 블루 플래크가 붙은 집은 한때 역사적 인물이 살았던 곳이라는 의미만 남은 건물인 반면, 베이커스트리트 221B번지는 원래 있던 주소지도 홈스가 살았던 집도 아니기 때문에 역설적이게도 홈스 시대를 재현한 박물관으로 탈바꿈해 내부를 공개하고 있다. 이곳의 블루 플래크가 가짜인 것을 알면서도 나를 포함하여 우리 모두는 그 거짓말에 기꺼이 속아 넘어간다. 이 뻔뻔한 거짓말이 가능한 까닭은 셜록 홈스 시리즈에서는 생활감이 느껴지기 때문이다.

나는 『조식: 아침을 먹다가 생각한 것들』에서 『네 사람의 서명』의 아침 풍경을 이야기한 적이 있다. 『네 사람의 서명』에서는 앞으로 일어날 일을 내다보는 재능이 있는 것처럼 묘사된 홈스의 하루

셜록홈스박물관

홈스와 왓슨이 1881년부터 1904년까지 거주했다고 하는 소설 속 하숙집을 그대로 재현해놓은 곳이다. 가상의 집임에도 불구하고 소설 속 주소와 동일하다. 박물관이 있는 베이커스트리트 221B번지는 실재하지 않았지만 1930년에 도로 정비 후 이 주소를 부여받았다.

박물관은 1990년에 문을 열었으며 1층은 기념품점으로, 2층은 전시실로 운영하고 있다. 이곳에서 가장 재미있던 점은 일반적으로 작가를 기려 박물관을 만드는 경향과 다르다는 것이었다. 단언컨대 도일과 홈스의 인기를 비교하면 홈스가 압승이다. 때로 사람들은(그리고 나 역시) 홈스를 홀로 존재하는, 혹은 작가와 별개로 생명력을 가진 캐릭터로 받아들이곤 한다.

일과를 이렇게 말한다. "아침밥을 먹고 한 시간쯤 잠을 자두세. 오늘 밤에 다시 움직여야 할 것 같으니까" 혹은 "그 애들은(베이커스트리트특공대) 우리가 아침 식사를 마치기도 전에 들이닥칠 걸세"(『네 사람의 서명』, 114~115쪽)라고 확신에 찬 말을 던진다. 이것은 하루의 시작이기도 하지만, 전날 밤의 마무리이기도 하다.

셜록 홈스 시리즈의 생활감은 이렇게 쌓인다. 왓슨의 시점이 되어 하숙집 아침 풍경으로 걸어 들어갈 때, 커피와 신문이 놓인 테이블이 보이고, 창밖의 이륜마차를 끄는 말발굽 소리가 자연스럽게 들린다. 아주 특별한 하루가 아니라, 반복되는 날 가운데 하루가 여기에 있다. 소설의 첫 페이지를 펼쳐 읽기 시작하면, 당신이 누구든 어디에 있든, 언제든지 빅토리아시대의 런던에서 벌어지는 홈스의 모험담과 함께할 수 있다.

이렇게 많은 사랑을 받고 있는 홈스이지만 1893년 도일의 생각은 달랐다. 그의 결정은 확고했다. 홈스는 죽어야 한다.

그의 명성이 피곤합니다

친애하는 왓슨에게

(…) 나는 지금 우리 사회가 더 이상 그의 존재로 인해 고통당할 일이 없을 거라고 생각하고 몹시 기뻐하고 있네. 물론 그것은 희생이 따르는 일이고, 그 때문에 내 친구들, 특히 친애하는 왓슨 자네가 고통을 겪긴 하겠지만 말이야. 하지만 이미 설명했다시피 어찌 됐

생활감이 느껴지는 홈스의 식탁

셜록 홈스 시리즈에서는 음식에 대한 세부적인 묘사 역시 놓칠 수 없는 즐거움이다. 홈스는 직접 요리를 해 손님을 대접하기도 하고, 왓슨에게 밝히지 않은 수사를 하고(나중에 왓슨의 초보적인 추리를 놀릴 셈이 분명하다) 귀가해서는 식사를 허겁지겁한다. 단편집 『셜록 홈스의 모험』에 수록된 단편소설 「귀족 독신남」에는 요리에 대한 홈스의 풍부하고도 섬세한 지식이 드러나 있는데, 그는 요식업자를 고용해 차가운 멧도요 요리, 꿩 한 마리, 거위 간 요리, 거미줄 친 오래된 술 몇 병으로 만찬을 준비한다.

든 나는 기로에 섰고, 그리고 그 어떤 결말도 이보다 더 마음에 들지는 못할 걸세. 솔직히 말하면 나는 마이링겐에서 온 편지가 속임수라는 걸 알았지만, 일이 이런 식으로 전개될 줄 알았기 때문에 자네를 마을로 떠나보낸 것일세. 패터슨 경감한테 일당의 유죄를 입증하는 데 필요한 서류는 서류꽂이 'M.' 칸에 '모리아티'라고 쓰인 푸른 봉투 속에 넣어두었다고 전해주게. 나는 영국을 떠나기 전에 재산을 전부 정리한 다음 마이크로프트 형에게 넘겨주고 왔네. 부인에게 인사 전해주게. 그리고 이 사람아, 잊지 말게. 나는 자네의 진정한 벗이라는 것을.

—「마지막 사건」, 『셜록 홈즈의 회상록』, 421~422쪽

홈스의 죽음에 책임이 있는 제임스 모리아티 교수의 악행은 모두를 충격에 빠뜨렸지만, 모두가 알고 있었다. 최종적인 잘못은 도일에게 있다는 사실을.

1893년 4월 6일, 감기에 걸린 도일은 불가에 앉아 하루 종일 영국 소설가 제인 오스틴의 『오만과 편견』을 처음으로 읽고 나서 어머니에게 편지를 썼다. "저는 마지막 홈스 이야기를 쓰는 중입니다. 문제의 신사는 이 이야기 이후 사라질 것이고, 다시는 나타나지 않을 예정입니다. 저는 그의 명성이 피곤합니다." 이 편지에 따르면 이미 바다 건너 미국에서도 홈스는 높은 인기를 누리는 중이었다. 그러므로 도일은 당분간은 돈 걱정 안 하고 지낼 수 있었다. 그는 이번에는 어머니의 설득에도 굴할 마음이 없었다. 이전에도 도일은 홈스 때문에 좀 더 의미 있는 일에 정신을 쏟을 수가 없다고 생각해

그를 죽일 계획이었다.

『주홍색 연구』가 출간되고 1년이 지났을 무렵에 화이트채플에서 잭 더 리퍼 사건이 벌어졌다. 연쇄살인을 저지르고도 잡히지 않는 잭이 런던을 공포에 떨게 하자, 홈스에 대한 관심은 시대적인 열광으로 자리 잡아갔다. 홈스가 도일의 삶을 휘두르기 시작한 것이다. 예상치 못할 만큼 대성공을 거둔 주인공을 죽인다는 계획은 그의 마음속에서 점점 자라났다. 1891년 도일은 어머니에게 보내는 편지에 "홈스를 죽여서 영영 끝장내버릴까 합니다"라고 적었다. 어머니는 "무엇이 올바른 길인지는 네가 판단하기 나름이다만 독자들은 선선히 받아들이지 않을 것이다"라고 답장했다. 하지만 홈스의 운명은 이미 죽음으로 기울었다. 문제는 그 이야기를 어떻게 쓸 것이냐였다. 홈스 같은 사람을 감기로 죽일 수는 없었다. 도일은 홈스의 마지막을 위한 강렬하면서도 장대한 드라마를 원했다.

홈스를 죽일 방법으로 머릿속이 꽉 차 있을 무렵인 1893년 8월에 도일은 스위스에서 열리는 강연에 연사로 초대받았다. 아들 킹슬리를 출산한 뒤 몸이 충분히 회복되지 않은 아내 루이자도 동행했다. 그 여행에서 도일은 마이링겐의 고산지대에 있는 250미터 높이의 라이헨바흐폭포와 운명적으로 조우하게 된다. 영국의 풍경화가인 윌리엄 터너가 1818년경에 이 폭포를 그린 적이 있었는데, 이제 폭포는 그 어느 때보다 유명해질 예정이었다. 홈스의 무덤이 될 장소로 말이다.

케이블카를 타면 라이헨바흐 전망대까지 올라갈 수 있다. 절벽에는 이곳이 그곳(홈스와 모리아티 교수가 몸싸움을 한 장소)이라는 표지

판이 있다. 거기에는 범죄계의 나폴레옹인 모리아티 교수를 제거한 홈스의 업적을 기리기 위해 미네소타에서 온 노르웨이 출신의 탐험가들과 영국 셜록홈스학회 회원들이 1957년 6월 25일에 표지판을 세웠다는 글이 쓰여 있다. 마치 홈스에게 제사도 지낼 분위기다. 폭포까지는 작은 기차를 타고 이동할 수 있는데, 역사 안에는 「마지막 사건」 속 장면 그림과 홈스 관련된 캐릭터 상품이랄까 기념상품이랄까 하는 것들이 전시되어 있다. 심지어 놀랍게도 폭포 앞에는 얼굴 부분이 뻥 뚫린 홈스 입간판(구멍에 얼굴을 들이밀고 기념사진을 찍는 용도의 그것!)이 놓여 있었다. 입간판 속 홈스의 얼굴은 약간 넙데데해 삽화가 시드니 패짓이 그린 그림과 비교하면 당황스러울 정도다. 드라마에서 홈스를 연기한 영국의 배우 베네딕트 컴버배치를 떠올린다면 이 입간판을 그대로 폭포 아래에 내던지고 싶어질지도 모른다. 그렇다고 내가 그랬다는 것은 아니다.

당연한 말이지만 지금도 라이헨바흐폭포는 홈스 팬들이 방문하는 명소로 각광받고 있다. 이 폭포 근처에 코넌도일광장이 있는데, 그곳에 1888년 세워진 세계 최초의 홈스 동상이 있다. 이 동상은 홈스가 마이링겐 명예시민으로 위촉된 것을 기념해 세운 것으로, 파이프 담배를 문 채 생각에 잠긴 듯한 홈스의 모습은 모리아티 교수

「마지막 사건」의 무대가 된 라이헨바흐폭포
도일은 홈스가 자신의 창작 활동에 방해된다고 생각하여 그를 라이헨바흐폭포 아래로 떨어뜨려 그 존재를 영원히 없애버렸다. 거대한 소리를 내며 떨어지는 폭포수가 바위에 부딪칠 때마다 왜 홈스를 이렇게까지 죽여야 했는지 도일에게 묻고 싶어진다.

와의 최후의 결전을 앞둔 때를 형상화한 것이라고 한다. 게다가 이 동상과 그 주변에 새겨진 60개의 단서(모두 셜록 홈스 시리즈에 나오는 것들이다)를 모으면 퍼즐을 풀 수 있게 되어 있다.

1991년 개관한 셜록홈스박물관도 코넌도일광장에 있다. 원래는 영국에서 온 방문객들을 위해 1891년에 지은 영국국교회의 건물이 었는데, 1991년 홈스의 죽음 100주기를 추념해(실제로 홈스가 1891년 에 죽은 것은 아니지만!) 도일의 딸 진 코넌 도일과 런던 셜록홈스협회 의 후원을 받아 건물의 지하 한 층 전체를 셜록홈스박물관으로 사 용하고 있다. 교회 건물을 크게 손보지 않았기에 박물관이라기보다 는 신전이라는 느낌이 든다. 이곳은 베이커스트리트의 홈스 사무실 을 연상시키는 인테리어로 꾸며져 있다. 사건 관련 보고서나 물건 들도 여럿 전시되어 있다. 베이커스트리트의 셜록홈스박물관과는 또 다른 재미가 느껴진다.

스웨덴의 작가이자 홈스 전문가인 마티어스 보스트룀은 『홈스에 서 셜록으로』에 도일이 8월 초 루체른에 도착했으며, 며칠간 강연 한 뒤 루이자를 비롯한 몇 명의 일행과 함께 하이킹을 했다고 써놓 았다. 물론 도일의 머릿속에는 어떻게 홈스를 죽일지에 대한 생각 뿐이었다. 일행은 도일의 구상을 열심히 도왔는데, 홈스를 스위스 의 로젠라우이협곡 아래로 떨어뜨리면 어떻겠느냐는 말이 오갔다 는 이야기도 전해진다.

도일은 테니슨로드 집에 도착하기 무섭게 소설을 쓰기 시작했다. 홈스의 무덤이 될 장소를 결정한 뒤였으니, 이제 홈스를 그곳까지 데리고 갈 방법만 남은 상태였다. 물론 홈스에게 걸맞은 적수가 필

코넌도일광장의 홈스 동상

셜록 홈스 시리즈 덕분에 유명세를 얻게 된 마이링겐에는 도일의 이름을 딴 '코넌도일광장'이 있다. 광장 중심에는 실제 사람 크기로 제작된 최초의 홈스 동상이 있다. 그 옆에 영어와 독일어 그리고 프랑스어로 써놓은 홈스 이야기 안내판이 있어 미스터리를 풀기 위해 탐문 수사를 벌이는 홈스의 모습이 다시금 떠올랐다.

요했다. 영국 최고 악당의 손에 영국 최고의 탐정을 죽이는 방법밖에 없었다. 악당은 홈스만큼 지적으로 뛰어나야 했고 홈스처럼 몇 수를 내다보고 예측하는 인물이어야 했다. 경찰조차 그 정체를 모르는 악당, 범죄 조직의 우두머리, 홈스가 목숨을 걸 만큼의 인물. 하지만 스위스 여행이 끝나고 얼마 지나지 않아 문제가 생겼다. 루이자의 옆구리 통증이 심상치 않다는 사실이 밝혀졌다.

1893년, 그해 겨울

1893년은 피조물을 살해하는 일 말고도 신경 써야 할 일이 유난히 많던 해였다. 셜록 홈스 시리즈에 삽화를 그리던 패짓의 결혼도 있었다. 도일은 가족과 관련된 일들만큼의 무게는 아니었으나, 모른 척할 수는 없었다. 어느 날 아침, 식사를 하던 패짓에게 기념할 만한 선물이 하나 도착했다. '셜록 홈스로부터, 1893'이라고 각인되어 있는, 은으로 된 아름다운 담배 케이스였다. 패짓은 선물을 보낸 사람이 누구인지 바로 알아차렸다. (당신도 바로 알아차렸을 것이다.) 그는 이보다 더 기쁜 선물은 상상도 할 수 없다고 일기에 적었다.

이해에 도일의 편지에서 언급되는 인물 가운데 동생 코니와 결혼한 어니스트 윌리엄 호닝도 빼놓을 수 없다. 도일은 테니슨로드 집에서 같이 살면서 노르웨이 여행도 함께할 만큼 코니를 아꼈다. 그런 그의 눈에 동생에게 접근하던 숱한 남자들과 달리 호닝은 말쑥한 편인 데다가 자신과 같은 소설가였다. 당시 호닝은 누가 보더라도 홈스와 왓슨을 연상시키는 버니라는 신사 도둑 캐릭터가 나오는 래플스 시리즈로 인기를 얻고 있었다. 실제로 홈스 이야기에서 영감을 받아 시작한 시리즈였다. 참고로 도일은 이 시리즈의 주인공인 신사 도둑 캐릭터에 대해, 범죄자를 미화한다는 이유로 비난한 적도 있다. 어쨌든 코니와 호닝은 1893년 9월에 결혼식을 올렸다.

동생이 결혼하고 열흘쯤 지난 10월에는 아버지가 정신병원에서 사망했다는 소식이 들려왔다. 사인은 간질이었는데, 가족 누구도 장례식에 참석하지 않았다. 어머니의 헌신 덕분에 자신이 교육받았음을 잘 알았던 도일이었으니 아버지에게 큰 연민을 느끼지는 않았을 것이다. 그럼에도 불구하고 아버지의 죽음이었다. 『예감은 틀리지 않는다』로 2011년에 맨부커상을 받은 줄리언 반스가 쓴 소설 『용감한 친구들』은 아마추어 화가이자 술주정뱅이였던 아버지의 죽음 이후 도일이 유품으로 받은 그림에 대한 이야기를 들려준다. 아버지의 마지막 나날은 불우했을지 몰라도 그는 미쳐서 죽지 않았으며, 심지어 꾸준히 그린 그림은 사후에 에든버러나 런던에서 전시회를 열어도 될 수준이었음을 도일이 그제야 알게 되었다고. 하지만 그는 죄책감을 느끼는 대신에 다소간의 연민을 느낄 뿐이었다고.

한편 루이자의 상태가 심각하다는 사실이 점점 분명해졌다. 그 자신이 의사였던 도일은 처음에는 큰일이 아니라고 생각했지만 다른 의사를 불러 확인해야 할 만큼 상황이 나빠졌다. 루이자에게 급성 폐결핵이라는 진단이 내려졌고, 병명이 확실해질 때까지 도일은 다른 의사들에게 왕진을 청했다. 루이자에게 남은 시간이 몇 달뿐일지도 모른다는 사실이 점차 분명해졌다. 10월에 어머니에게 보

테니슨로드 자택 앞에서 도일과 루이자

자택 현관 앞에서 2인승 삼륜 자전거를 타고 있는 도일과 루이자의 모습이다. 루이자는 도일
과 함께 시간을 보내기 위해 그의 취미 중 하나였던 자전거를 배웠다. 온화한 성품의 루이자
덕분에 정서적으로 불안정한 도일의 성격도 차츰 차분해져갔다. 그녀는 도일의 판단에 한 번
도 의문을 표하지 않았으며 늘 그의 결정을 적극적으로 지지해주었다. 도일은 그녀를 투이라
는 애칭으로 부르며 애정을 드러내곤 했다.

내는 편지에서 도일은 쓰던 원고를 들고 스위스의 생모리츠로 떠날 계획을 이야기했다.

"사랑하는 어머니, 안녕히 계십시오. 어머니의 따뜻한 말씀에 큰 감사를 드립니다. 코니의 결혼, 아버지의 죽음, 투이(루이자의 애칭)의 병, 이 모든 일이 약간 벅차게 느껴집니다." 그 자신도 추리소설사에 길이 남을 트릭들을 만들어낸 미국의 소설가 존 딕슨 카가 쓴 『코넌 도일 경의 삶』에 따르면 도일 가족은 염두에 두었던 생모리츠가 아닌 다보스로 향했다. 알프스 고산지대의 계곡에 위치한 그곳은 바람을 피하기에도 좋고 햇살이 가득해 루이자의 삶을 다소나마 더 연장할 수 있는 장소로 보였기 때문이다. 실제로 루이자는 의사들이 처음 예고했던 몇 개월이 아닌 1906년까지 살았고, 건강이 허락할 때는 도일의 미국 강연과 낭독회에 동행하곤 했다.

훗날 도일의 두 번째 아내가 되는 진 레키와의 관계는 1897년부터 시작되었는데, 루이자가 죽을 때까지 정신적인 관계를 유지했다고 한다. 도일 본인의 말은 그렇다. 도일과 홈스에 대한 많은 책들은 10여 년간 두 사람의 관계가 어디까지나 '정신적'이었다는 그의 주장을 받아들이지만, 그 말을 곧이곧대로 믿기도 어렵다는 것 또한 그럭저럭 받아들이는 듯하다.

도일이 병석에 누운 아내를 돌보면서도 레키와의 만남을 이어가며 그 사실을 루이자가 모르게 하려고 애썼다는 것이 어떤 대단한 의미가 있는지 잘 모르겠다. 레키와 만난 이후, 루이자가 죽기 전 투병할 때 도일은 거의 집에 있지 않았던 것으로 보인다. 그는 언제나 분주했지만, 그것이야말로 레키와의 관계를 분주함이라는 숲에 감

1927년 자택의 정원에 있는 도일과 레키

두 사람은 루이자가 투병 중이던 1897년에 처음 만났다. 도일은 10년 가까이 레키와 정신적인 교감을 이루며 순수한 관계를 유지했다고 주장했다. 두 사람은 루이자가 세상을 떠난 지 1년 뒤인 1907년에 결혼식을 올렸고, 레키의 가족들이 살던 근처로 이사해 '윈들섬'이라고 이름 붙인 집에서 살며 세 아이를 낳았다.

추려는 시도 아니었을까. 애초에 아내가 죽을 때까지 무려 10여 년간 지속된 남편의 외도를(심지어 진정으로 사랑한다고 생각한 단 한 사람과의 외도를) 모를 것이라고 믿고 정신적인 관계를 운운했다는 사실이 황당할 정도다. 많은 사람들은 과학수사의 시조 격인 홈스 소설을 쓴 도일이 심령회에 다니고 요정의 존재를 믿었다는 사실에 놀라곤 하지만, 나는 이 신사적인 태도를 지닌 탐정 캐릭터를 만들어낸 작가가 아내에 대한 충실함을 과장되고 거짓되게 표현하는 데 별 거리낌이 없었다는 것에 더 놀랐다.

1893년 말, 이후 도일의 삶을 떠올리면 기억할 만한 일이 하나 더 있었다. 아버지가 죽고 한 달 뒤, 그는 심령연구협회에 가입했다.

도일에게는 다사다난했던 1893년 12월, 《스트랜드》에 「마지막 사건」이 게재되었다. 셜록 홈스 시리즈 중에서 이보다 큰 소동을 불러일으킨 이야기는 또 없을 것이다. 이 단편소설은 첫 문장부터 독자들을 경악하게 한다.

나는 무거운 마음으로 내 친구 셜록 홈즈의 유다른 재능에 대한 마지막 기록을 남기기 위해 펜을 든다.
　　─「마지막 사건」, 『셜록 홈즈의 회상록』, 391쪽

홈스가 죽었다. 숙적 모리아티 교수를 처치하기 위해 자신의 희생마저 감수한 결과였다. 그런데 곰곰 생각해보면 모리아티 교수야말로 도일의 무계획을 엿볼 수 있는 인물이다. 모리아티 교수는 나라를 좌지우지할 수 있을 만큼 범죄의 달인으로 묘사되지만 「마지막 사건」 작품 이전에서는 단 한 번도 언급된 적이 없었다. 어떻게 생각해도 작가가 필요해 급조한 악당이다. 하지만 그 악당은 홈스가 그랬던 것처럼 너무나 강력해 단편소설에 한 번 등장한 인물이라고는 믿을 수 없을 정도로 국제적인 명성을 얻게 된다.

전설적인 악당 모리아티 교수는 애덤 워스라는 실존했던 범죄자를 모델로 했다. 범죄계의 나폴레옹이라고 불렸던 워스는 독일에서 태어난 미국인이었는데, 나폴레옹에 비견된 이유는 천재성뿐 아니라 작은 키에도 있었다고 한다. 홈스 역시 소설에서 모리아티 교수를 범죄계의 나폴레옹이라고 칭했는데, 모리아티 교수가 키가 컸던 홈스와의 육탄전 끝에 함께 폭포 아래로 떨어진 점을 감안하면 키는 워스와 달랐을 것이다. 도일이 워스에 대해 알게 된 계기는 미국의 핀커턴탐정사무소 소장이었던 윌리엄 핀커턴으로부터였다고 하는데, 워스는 남북전쟁에 참전했다가 행정 오류로 사망자 처리되자, 이후 40여 년간 이름과 직업을 바꾸며 북미와 유럽을 무대로 범죄를 저지르기 시작했다. 뉴욕에서 체포되어 싱싱교도소에 수감된 일이 오히려 범죄 수법을 학습하는 계기가 되어 탈옥 이후에는 열차, 은행 강도까지 저질렀다. 그가 일으킨 가장 유명한 사건은 1876년에 있었던, 영국 초상화가 토머스 게인즈버러가 그린 데번셔 공작부인의 초상화 도난 사건이다. 결과적으로 핀커턴탐정사무소가 그를 검거하는 데 성공했다. 당시 워스의 대외적인 이미지는 예술을 사랑하는 신사적인 부호였다고 한다.

하지만 워스와 모리아티 교수 사이에는 큰 차이점이 있다. 모리아티 교수는 홈스처럼 도일의 피조물이었고, 강렬하지만 왜곡된 형

" PROFESSOR MORIARTY STOOD BEFORE ME."

홈스의 숙적, 모리아티 교수

도일은 홈스를 없애기 위해 '범죄계의 나폴레옹'이라고 불리는 모리아티 교수를 만들어낸다. 모리아티 교수는 낮에는 지적인 수학 교수의 모습이지만 어둠이 깔리면 잔인하고도 사악한 범죄를 설계하는 악인으로 변모한다. 그가 등장하는 셜록 홈스 시리즈는 장편소설인 『공포의 계곡』과 단편소설인 「마지막 사건」이 전부다. 그마저도 다른 사람들의 입을 통해 그 모습이 그려질 뿐, 그의 모습이 실제로 목격된 것은 「마지막 사건」에서 왓슨이 빅토리아역에서 기차가 출발하려는 순간에 차창 밖을 흘깃 보았을 때가 유일하다. 홈스가 자신의 목숨을 기꺼이 내던져야 할 만큼 독보적인 악당 캐릭터로 묘사되는 모리아티 교수는 이후 세계적으로 악당의 대명사가 되었다.

태로 홈스의 능력을 똑같이 지닌 어둠의 쌍둥이 같은 캐릭터였다. 지킬 박사와 하이드처럼 말이다. 다시 말해, 모리아티 교수는 홈스의 거울상이다. 영국 드라마 〈셜록〉이 해석한 홈스 캐릭터를 보더라도 그 자체로 사이코패스 같은 면이 있는데, 홈스가 범죄 세계에 투신했다면 모리아티 교수처럼 되었을지도 모른다. 거울 속 남자를 없애려면 거울을 부수는 것이 아니라 거울 밖 남자를 없애야 한다.

지금의 독자들은 「마지막 사건」이 수록된 『셜록 홈스의 회상록』이 아홉 권짜리 전집의 여섯 번째 책이며, 일곱 번째 책 제목이 '셜록 홈스의 귀환'이라는 점에서 이미 이후에 벌어질 일(죽음에서 살아 돌아온다!)을 예측할 수 있을 것이다. 하지만 1893년에는 그렇지 않았다. 그 시대에는 주요 등장인물이 수시로 죽어나가는 〈왕좌의 게임〉이 있지도 않았을뿐더러(성경은 그때도 있었겠지만), 홈스를 실존 인물이라 믿고 팬레터를 보내던 독자들도 적지 않았다는 점을 생각해보기를 바란다. 홈스가 죽었다면 누구를 추궁해야 할지, 독자들은 잘 알고 있었다.

「마지막 사건」이 발표되자 홈스의 팬들은 충격을 넘어 분노에 휩싸였다. 도일이 21세기 사람이었다면 악플 때문에 꽤나 몸살을 앓았을 것이다. 홈스의 죽음에 항의하는 편지가 《스트랜드》 출판부에 쏟아졌다. '이 짐승 같은 놈아!'로 시작하는 편지는 예삿일이었다. 심지어 도일이 길거리에서 우산으로 맞은 적도 있다고 한다. BBC에 따르면 홈스의 죽음 이후 《스트랜드》 구독을 취소한 독자는 2만 명을 넘겼다. 직원들이 '끔찍한 사건'이라고 부를 수준으로 잡지의 판매 부수가 떨어지자 문을 닫는 것이 아니냐는 말이 나돌기도 했다.

하지만 도일의 뜻은 완강했다. 그가 친구에게 보낸 편지에 따르면 당시 그는 어떤 설득에도 굴할 생각이 없었다. "설령 그럴 생각이 있다고 하더라도, 앞으로 몇 년간은 그를 살려낼 수 없다네. 그건 내가 그를 과다 복용했기 때문일세. 나는 전에 거위 간 요리를 너무 많이 먹어서 지금은 그 이름을 듣기만 해도 속이 느글거리는데, 홈즈에 대한 내 감정이 꼭 그렇거든."(『셜록 홈즈: 더 얼티밋 에디션(왓슨 편)』, 백영미 옮김, 황금가지, 434쪽) 도일에게는 자신이 만들어낸 유명한 캐릭터의 죽음이 그리 신경 쓸 일이 아니었던 모양이다. 훗날 도일은《스트랜드》에 이 시기의 심정에 대해 게재했는데, 그 내용이 『셜록 홈즈의 사건집』에 서문으로 실려 있다.

> 나는 셜록 홈즈가 자신의 시대를 뛰어넘는 생명력을 얻어 아직도 환호하는 청중들 앞에 나와 고별인사를 되풀이하라는 유혹을 받고 있는 인기 절정의 테너 가수처럼 될 것 같아 걱정이다. 작별은 끝나야 하고, 홈즈는 물질이든 허구든 모든 육체가 갈 길을 마땅히 가야만 한다. 사람들은 상상력에서 태어난 자식들을 위한 어떤 기이한 중간계가 있는 것처럼 생각한다. 즉 필딩의 멋쟁이 사내들이 리처드슨의 미녀들과 아직도 사랑을 나누고, 스콧의 영웅들이 여전히 으스대며 활보하고, 디킨스의 유쾌한 런던 토박이들이 웃음을 터뜨리고, 새커리의 속물들이 욕을 먹어도 싼 직업에 계속 종사하는, 믿어지지 않는 이상야릇한 공간이 있다고 상상하는 것이다. 홈즈와 그의 친구 왓슨은, 기민한 탐정이 약간 모자라는 동지와 함께 자신들이 비워놓은 무대 위로 오르는 동안(당시 홈즈 이야기는 연극 무대

에서 상연되고 있었다 — 옮긴이), 잠시 그런 발할라(북유럽신화에서 죽은
전사들의 저택 — 옮긴이)의 말석을 차지하고 있을 것이다.

—『셜록 홈즈의 사건집』, 백영미 옮김, 황금가지, 7~8쪽

이 서문에서 도일은 기나긴 해명 끝에 밝히기를, 결국 자신이 홈
스를 죽였지만 "다행히 시신을 확인할 검시관이 없었기 때문에, 세
월이 한참 지난 뒤에 독자들의 열화 같은 성원과 나의 경솔한 조치
를 취소하라는 요구에 어렵지 않게 부응할 수 있었다"(『셜록 홈즈의
사건집』, 9쪽)라고 했다.

홈스의 부고는 신문에 실렸다. 도일의 아버지 부고에는 관심이
없던 신문들은 소설 속 주인공의 죽음에는 호들갑을 떨었다.《리즈
타임스》는 협곡 절벽에서 탐정을 살해한 도일의 행각은 명탐정이
그의 친구(도일)에게 해준 모든 것에 비열하게 보답한 것이라고 비
난했다. 홈스의 시체를 발견하지 못한 현장 상황을 바탕으로 이후
벌어질 일을 예측한 매체도 있었다.《건지 스타》의 논설위원은 "왓
슨은 그 자리에 없었는데, 정확히 무슨 일이 있었는지 어떻게 아는
가?"라고 물었다.

또 런던의 청년들이 홈스의 죽음을 추모하며 검은 완장을 찼다는
유명한 이야기도 전해진다. 미국의 저널리스트 재크 던대스는『위
대한 탐정 셜록 홈즈』에 이 일화의 사실 여부를 검증하고자 한 사람
들이 있었다고 써놓았다. 셜로키언들은 홈스 때문에 런던에서 누군
가 공공연하게 검은 완장을 찼다는 기록이 있는지 자료들을 샅샅이
뒤졌는데 나온 것이 없었다고. 던대스는 조사를 이어갔고 그가 고

신문기사에 실린 홈스의 부고

홈스 때문에 자신의 삶이 피폐해졌다고 생각한 도일은「마지막 사건」을 마지막으로 셜록 홈스 시리즈를 끝내버렸다.「마지막 사건」이 발표되자 모든 영국 사람들이 경악했다.《스트랜드》의 발행인조차 홈스의 죽음을 "참담한 사건"이라고 말했을 만큼, 홈스를 사랑한 모든 이들이 충격에서 헤어나지 못했다. 실제 사람이 죽은 것처럼 홈스의 부고가 신문에 실리기도 했다. 당시 도일의 집에는 홈스를 살려내라는 항의와 협박 편지가 이어졌는데, 그가 사람들에게 얼마나 시달렸는지 "내가 실제로 사람을 죽였더라도 이렇게 많은 욕을 먹지는 않았을 것이다"라는 우스갯소리를 했다는 이야기도 전해진다.

용한 역사가의 설명에 따르면, 완장에 얽힌 이야기는 1949년에 카가 쓴 도일의 전기 『코넌 도일 경의 삶』에서 비롯한 것으로, 다른 자료에서는 찾아볼 수 없는 이야기라는 사실에 의견이 모인다고 한다. 카의 창작인 것일까? 소설가답게 아주 잊기 어려운 이야기를 책에 써놓은 셈이다.

홈스의 런던 산책

셜록 홈스 시리즈는 런던 시내의 거의 전 지역을 무대로 한다. 이 시리즈에 묘사된 런던의 거리는 놀라울 만큼 변하지 않았으며, 장소들 역시 지금도 존재한다. 게다가 소설 속 주소지를 따라 건물과 골목 들을 찾아갈 수 있을 정도로 정보가 상세하다.

지금부터 소개할 홈스의 런던 산책은 홈스 팬을 위한 지도 세 권을 바탕으로 한 것이다. 「셜록 홈스 워크The Sherlock Holmes Walk」와 「셜록 홈스의 런던 지도Sherlock Holmes Map of London」 그리고 「셜록 홈스의 런던Sherlock Holmes's London」이 그것이다. 그중에서 느긋하게 걸어도 한나절이면 충분할 코스를 두 번으로 나누었고, 작품 속 어떤 장소가 어디와 매치하는지도 함께 정리했다.

첫 번째 여정은 바로 베이커스트리트에서 옥스퍼드서커스에 이르는 길인데 파크플라자셜록홈스호텔에서 출발해보자. 호텔 곳곳에 홈스와 관련된 장식물이 있다는 시각적 즐거움이 있지만, 보는 재미로 따지면 셜록홈스박물관이 한 수 위다. 이 동네의 물가가 저렴하지 않은 탓에 셜록홈스박물관 개관 시간에 맞춰 아침 일찍 이동하는 일을 목표로 하지 않는다면 꼭 숙박까지 할 필요는 없지만, 로비는 한번쯤 둘러보면 좋다.

호텔 근처의 베이커스트리트 109번가는 홈스가 왓슨과 함께 급하게 마차를 타고 빠져나갈 때 이용하던 길이었을 것이다. 그런 장면은 수도 없는데, 단편소설 「프랜시스 카팍스 여사의 실종」에 등장하는 대목이 한 예다. 참고로 애거서 크리스티의 『부부 탐정』의 7장 '사라진 여자'에는 아예 「프랜시스 카팍스 여사의 실종」과 사건을 비교하는 대사가 나온다. 다시 「프랜시스 카팍스 여사의 실종」 이야기로 돌아가면, 소설 속 동선으로 지금도 이동이 가능하다.

우리는 채 5분도 지나지 않아 이륜마차를 타고 베이커가를 빠져나가고 있었다. 그래도 빅벤을 지난 것은 일곱 시 35분이었고, 브릭스턴로를 질주해간 것은 여덟 시였다.
—「프랜시스 카팍스 여사의 실종」,『홈즈의 마지막 인사』, 백영미 옮김, 황금가지, 261쪽

이 부근에 루벤스라는 식당이 있는 건물에 약국이 있었는데 도일이 자주 들르던 곳이었다. 지금은 약국의 흔적을 찾아볼 수 없지만 말이다. 도일이 병원을 운영하던 곳도 근처에 있다. 1891년에 그는 데번셔플레이스 20번지에서 안과를 운영했고, 진지하게 글을

셜록홈스박물관

파크스퀘어
● 데번셔플레이스 20번지

파크플라자셜록홈스호텔 ●

BAKER STREET

베이커스트리트역

● 어퍼윔폴스트리트 2번지

메릴본

옥스퍼드서커스

영국왕립미술원

피카딜리

러셀스퀘어

런던 세부 지도

영국박물관

중앙형사재판소

라이세움극장
●
사보이극장

레스터스퀘어

트라팔가광장

템스강

쓰기 시작했다. 그러니까 안과가 잘되지 않았다는 말이다. 그가 손님을 기다리는 동안 쓴 작품들이 「보헤미아 왕국 스캔들」과 「빨간 머리 연맹」이라고 하니 손님이 없었던 것을 다행이라고 해야 하는 것일까. 여기서 한 가지 반전이 있다. 이곳을 특정한 이유는 도일 스스로가 이 건물을 언급했기 때문이다. 하지만 많은 사람들은 그가 처음 글쓰기를 시작했던 곳을 잘못 기억했거나 실수로 지목했다고 추론하며 다른 장소를 찾아냈다. 바로 데번셔플레이스 20번지에서 도보로 10분도 채 안 걸리는 어퍼윔폴스트리트 2번지다. 게다가 이곳에 플래크가 붙어 있다. 도일의 기억과 사학자들의 조사 결과 가운데 후자가 신뢰를 얻어 이곳에 플래크가 붙었다는 점이 흥미롭다.

블루 플래크는 푸른색의 둥근 현판으로, 짧은 인물 소개와 함께 아무개가 이곳에 살았다고 적혀 있다. 이 기념 명판은 1866년 왕립예술학회에 의해 처음으로 시행되었으며, 1986년 이후로는 잉글리시헤리티지가 운영하고 있다. 죽은 지 20년이 흘렀거나 태어난 지 100년이 지난 역사적 인물들에 한해 시민들의 추천을 받는데, 가상 인물은 해당되지 않는 것이 원칙이다. 잉글리시헤리티지 소속 역사학자들이 조사한 결과를 바탕으로 최종 승인 절차까지 마치고 나면 블루 플래크를 설치한다. 영국에는 870여 개의 블루 플래크가 설치되었는데, 2005년부터는 설치를 중단했으며, 재개발을 이유로 사라진 것들도 꽤 된다고 한다. 영국박물관 주변이나 메릴본 지역, 시내 고급 주택가 등에 자리한 한 건물에는 한두 개씩 블루 플래크가 붙어 있기도 하다. 블루 플래크를 구경하다 보면 런던이라는 도시의 위상을 새삼 깨닫곤 한다. 도일, 크리스티, 버지니아 울프, 찰스 디킨스, 알프레드 히치콕, 빈센트 반 고흐, 카를 마르크스, 존 레넌, 지미 헨드릭스, 프레디 머큐리를 비롯한 무수한 유명인들의 블루 플래크를 만날 수 있다.

도일이 홈스를 라이헨바흐폭포에서 죽이기로 결정한 뒤 스위스에서 귀국해 아내의 폐결핵을 알기 전까지 「마지막 사건」을 쓴 집을 기억하는지? 사우스노우드의 테니슨로드 12번지에는 블루 플래크가 설치되어 있다. 거기에는 '아서 코넌 도일 경, 1859~1930, 셜록 홈스의 창조자, 여기 살았다, 1891~1894'라고 쓰여 있다.

이 여정의 마지막은 런던에서 가장 유명한 쇼핑 거리인 리젠트스트리트다. 어퍼윔폴스트리트에서 도보로 20분가량 걸리는 이곳은 『바스커빌 가문의 개』에서 홈스가 다트무어로 가기 전에 몇 번이고 등장한다. 그중 가장 유명한 장면은, 앞으로 벌어질 오싹한 사건을 예고하듯 이륜마차 속 기이하고 불쾌한 인상의 사나이가 등장하는 대목이다. 쇼핑하는 사람들이 북적이는 번화가, 분주한 풍경 속 추적을 시작한 홈스가 왓슨에게 따라오라고 외친다. 나는 이 대목의 의도치 않은 유머를 좋아한다. 홈스는 마차 탄 남자를 뒤쫓다가 놓치자 왓슨에게 숨을 헐떡이며 말한다. "세상에, 운도 없었지만 이렇게 엉성한 짓을 하다니. 왓슨, 왓슨, 자네가 정직한 사람이라면 나의 성공담 옆에 오늘의 이 사건도 나란히 기록해주게."(『바스커빌 가문의 개』, 백영미 옮김, 황금가지, 71쪽) 범인을 잡은 뒤에 과시하는 만큼 놓친 뒤에도 이런 말을 한다는 점이 홈스답다. 자네, 약간 자의식과잉처럼 보이는군! 왓슨은 왓슨의 기록을 해나갈 텐데 말이지.

런던에서 이런 순간을 자주 겪는다. 거리를 걷다가 문득 거리 이름이 낯익다는 사실을 깨닫는다. 리젠트스트리트를 걷다가, 홈스가 이륜마차 안의 수염이 텁수룩한 사내를 발견하고 마차를 쫓아 달리기 시작하는 순간의 장면이 오버랩된다. 이러한 기시감은 홈스 기행을 위해 런던을 찾을 때마다 경험하게 될 것이다. 아마 앞으로 100년이 더 지난 뒤에도.

역사학자들이 도일의 작업실로 지목한 어퍼윔폴스트리트 2번지

02

ARTHUR CONAN DOYLE

도일의
세계 속으로

가난보다 강했던 어머니

　도일과 홈스의 가장 극적인 순간을 이야기했으니, 이제 이 모든 일의 시작점으로 돌아갈 때다. 정신병원에서 죽은 아버지, 어려운 형편에도 도일의 교육을 밀어붙인 어머니의 이야기로.

　그의 아버지 찰스 도일은 아일랜드계 가톨릭교도로, 런던 도일가의 넷째로 태어났다. 형들이 초상화가, 삽화가, 아일랜드 국립미술관 관장으로 성공하는 동안 그는 열아홉 살 때 에든버러에 있는 노동청에 취직하며 런던을 떠났다. 그리고 시간이 남을 때면 초현실적이고 환상적인 주제의 그림을 그리곤 했다. 기분 상태에 따라 그림의 분위기가 정해졌는데, 기분이 좋을 때는 요정을 그렸고(스코틀랜드를 여행하다 보면 요정과 관련한 장소들을 종종 찾아볼 수 있다. 미리 말하자면 스코틀랜드는 유령과 요정의 땅이다), 기분이 가라앉을 때는 병적이고 유머러스하면서도 무시무시한 그림을 그렸다. 그가 그린 자화상을 보면 볕이 드는 실내에 앉은 화가 주변으로 유령이나 요정 같은,

인간이 아님이 분명한 존재들이 바닥을 기거나 허공에 떠 있다.

찰스 도일은 스물세 살이던 1855년에 하숙집 주인 딸이자 자신과 같은 아일랜드계 가톨릭교도인 메리 폴리와 결혼했다. 그녀가 친정 가문의 족보와 문장을 끈질기게 연구했다고 전하는데, 자신의 가문이든 남편의 가문이든 유서 깊은 명문가라는 사실을 밝히고 알리려 했던 듯하다. 자녀들에게도 명망가 출신임을 강조했다. 두 사람은 에든버러 피카디플레이스에 위치한 작은 집에 살며 1859년에 도일을 낳았다. 결혼 초에는 그의 연봉만으로도 생활이 충분했지만 아이들이 계속 태어남에 따라 점차 감당하기 어려워졌다. 이 집에도 다른 집에서 흔히 볼 수 있는 고질적인 문제가 있었다. 아버지 때문이었다. 그는 직장보다는 그림에 더 관심을 두었는데, 그림으로는 변변한 수입을 올리지 못했다. 세속적인 일에 초연한 아버지 때문에 가족 모두가 고생했다.

아버지가 폭력을 휘두르는 유형은 아니었다지만 쉽게 감상에 젖는 주정뱅이였다. 그가 술에 빠져 살며 우울증에 시달리고 그림만 그리는 통에 자연스레 어머니가 가족을 책임지기 시작했다. 아버지에게는 가족들을 데리고 자신의 친척들이 있는 런던으로 갈 여력이 없었고, 어머니는 자식들을 남편의 영향에서 벗어나게 하는 데 필사적이었다. 가족들은 아버지의 알코올의존증 문제로 어머니의 친구 집에 잠시 머무는 등 도일이 열 살이 될 때까지 여섯 번쯤 이사를 했다. 도일은 어머니가 쉬지 않고 일을 하는데도 궁핍한 생활에서 벗어날 수 없음을 깨달아 아주 이른 나이부터 가족을 부양해야 한다는 책임감을 느꼈고, 한평생 그렇게 했다.

여섯 살 무렵의 도일과 아버지

찰스 도일은 술에 빠져 가정을 위태롭게 만들었는데, 그가 언제부터 그랬는지 알려진 바는 없
다. 하지만 우울증이 그의 영혼을 잠식해가면서 찰스 도일은 생활에 대한 열의도 가족에 대한
책임감도 상실하고 말았다. 도일은 고생하는 어머니를 보면서 아버지와 같은 사람은 되지 않
겠다고 결심하고, 가족을 부양하기 위해 돈이 되는 일은 모조리 했다.

도일에게 큰 영향을 미친 사람은 어머니였는데, 그는 어머니에게 보내는 편지에 엄마라는 말 대신 성인 여성을 정중하게 칭하는 '부인' '선생님' 정도의 의미인 'ma'am'을 쓰며 존경심을 드러냈다. 그녀는 "아무리 궁핍한 정부라도 차마 세금을 물리진 못할 것 같은 소득에 의존해 자식들을 입히고, 먹이고, 교육시켰다".(헤스케드 피어슨, 『A. 코난 도일: 셜록은 셜록』, 김지연 옮김, 뗀데데로, 10쪽) 도일은 어머니의 기대를 한 몸에 받으며 자랐다. 도일이 기사와 괴물이 등장하는 동화를 어머니로부터 듣고 그에 매혹당했다는 이야기도 있다. 도일은 어릴 때부터 문학에 두각을 드러냈다. 1864년 다섯 살도 채 되지 않았을 무렵 그는 서른여섯 글자로 벵골호랑이와 사냥꾼이 등장하는 이야기를 만들어 사람들을 놀라게 했다. 어머니는 그 이야기를 도일의 종조부이자 대부인 마이클 코넌에게 보냈고, 그는 책을 보내주곤 했다. 그녀가 당시 코넌과 주고받은 편지에는 도일에 대한 내용이 주로 적혀 있다. 도일 자신도 어린 시절에 쓴 이야기에 대해 "사람들을 곤경에 빠뜨리기는 쉽지만 다시 빠져나오게 하기는 매우 어렵다"(『A. 코난 도일: 셜록은 셜록』, 14쪽)라고 언급한 적이 있다. 하나 덧붙이자면 코넌이라는 이름은 그의 종조부이자 대부로 파리에 살던 코넌의 이름을 딴 것이다.

도일이 태어난 도시답게 에든버러에도 홈스의 동상이 있다. 이 동상은 도일의 탄생을 기념해 1991년에 그의 생가 터에 세워진 것이다. 가장 잘 알려진 홈스 동상은 1999년에 세운 베이커스트리트 역 앞에 있는 것이며, 마이링겐의 홈스 동상은 역사가 가장 오래되었다. 이 동상들은 '말하는 동상' 프로젝트의 일환으로 관리되고 있

도일의 생가 터에 자리한 홈스 동상

도일이 태어나고 얼마 지나지 않아 가족들은 피카디플레이스 11번지를 떠났다. 도일의 생가
는 흔적도 없이 사라졌고 그 자리에는 작은 동판과 함께 홈스의 동상만이 서 있다.

코넌 도일의 이름을 내건 펍

에든버러는 도일의 고향임에도 불구하고 그의 이름을 내건 가게들이 별로 없다. 다행히도 어린 도일이 세례를 받았다고 알려진 교회 옆에 그의 이름을 딴 펍이 있어 들어가 식사를 했다. 스코틀랜드 전통 음식을 맛볼 수 있을 뿐 아니라, 도일과 홈스 분위기가 나는 물건들로 꾸며져 있어 보는 재미도 쏠쏠한 곳이다.

는데, 조각상 옆 안내판에 스마트폰을 갖다 대면 영국의 소설가 앤서니 호로비츠가 쓰고 배우 에드 스토파드가 낭독한 홈스의 독백을 들을 수 있다.

홈스 동상이 있는 피카디플레이스에서 요크플레이스로 5분가량 걷다 보면 코넌 도일의 이름을 딴 펍이 나온다. 홈스가 아닌 도일의 이름을 썼다는 점만으로도 이곳을 지나치기에는 아까웠다. 낮 열두 시에 문을 여는 펍에 내가 기웃거린 것은, 마치 광적인 셜로키언이라도 되듯 열두 시 정각이었는데, 맥주를 곁들인 점심 세트를 먹을 수 있겠다 싶어서였다. 물론 아침 기차로 에든버러에 도착하자마자 홈스 동상을 보고 도일이 태어난 곳을 확인한 참이어서 허기를 달랠 좋은 핑계가 되어주었다.

스코틀랜드의 대표적인 음식이라고 하면 오트밀과 해기스가 있다. 둘의 공통점은 든든한 끼니가 되지만 시각적인 아름다움과는 거리가 멀다는 것 정도랄까. 여기서 잠시 오트밀과 해기스에 대해 이야기하고 다시 펍으로 돌아가자.

곡물의 일종인 귀리를 잉글랜드에서는 주로 말에게 주지만, 스코틀랜드에서는 사람들이 먹으며 '포리지'라고 부른다. 말이 먹었다는 둥 하기는 해도 21세기에 오트밀은 건강식으로 각광받는다. 오트밀은 날로 먹기는 어렵고 어떻게든 '풀어' 먹어야 한다. 우유나 물을 넣어 불리고 데우는 방식이 가장 오래된 조리법이다. 스코틀랜드가 겨울이 길고 추우며 수시로 비가 내리는 지역임을 감안하면, 죽처럼 먹을 수 있는 포리지는 언 몸을 녹여주는 데도 한몫했을 것이다. 반스는 『용감한 친구들』에서 어머니가 포리지를 저으며 들려준 옛이야기들이 이야기꾼으로서의 도일을 성장하게 한 동력이었으리라고 적기도 했다.

그렇다면 해기스란 무엇인가. 한국의 순대와 비슷한 음식이다. 스코틀랜드를 여행할 때 아침 식사가 딸린 숙소에 머물다 보면 거의 해기스가 나온다. 마치 그 누구도 해기스를 먹지 않고는 스코틀랜드를 떠날 수 없다는 듯이. 해기스는 양이나 송아지의 심장, 간, 허파 등을 삶아서 잘게 다져 양념한 뒤 오트밀을 섞은 요리로, 으깬 감자나 순무를 곁들여서 먹는다. 특유의 냄새 때문에 먹기 어렵다는 사람들도 있는데, 나는 쫀득하달까 찐득하달까 하는 해기스를 먹으며 싱글 몰트 위스키를 마시는 일이 스코틀랜드에서만 할 수 있는 식사라고 생각한다. 다만 한두 조각을 집어먹는 정도면 충분하다. 스코틀랜드를 여행하면서 현지 사람으로부터 "해기스 먹었겠네?"라는 질문을 몇 번 받기도 했다. 한국 사람들이 외국인들에게 김치를 먹어보았냐고 묻는 질문의 스코틀랜드판인가.

펍에서 맥주를 곁들여 식사를 했다. 실내에는 도일이나 홈스 분위기가 나는 물건들이 놓여 있었다. 혼자 식사를 하는 중에 한두 명씩 손님들이 들어왔다. 펍 바로 옆에는 어린 시절에 도일이 세례를 받았다는 세인트메리교회가 있다. 그의 본명인 아서 이그네이셔스 코넌 도일에서 이그네이셔스가 세례명인데, 그는 한 번도 그 이름을 쓴 적이 없었다.

삶을 바꾸어놓은 스토니허스트

도일은 아홉 살 때 랭커셔에 있는 유명한 예수회 학교 스토니허스트의 예비학교인 호더플레이스(지금의 스토니허스트 세인트메리스홀)에서 공부를 시작했는데 숙부들의 경제적인 도움이 컸다. 그곳에서 그는 여름방학 6주를 제외하고는 2년 내내 머물렀고 대개의 예수회 사람들보다 너그러운 편이었던 교장 캐시디 신부 덕분에 꽤 행복한 시간을 보냈다. 하지만 이후 진학한 스토니허스트는 중세적인 엄격함을 유지한 곳이어서 그런지 도일과 잘 맞지 않았을뿐더러 교사들은 학생들이 말을 듣지 않으면 '툴리'라고 부르는 인도산 고무나무 매질 도구로 아이들을 체벌했다. 고학년들은 양손에 아홉 대씩을 맞았는데, 그러고 나면 손이 부어올라 교실 문도 열 수 없을 정도였다. 학생들은 일주일에 한 번씩 집으로 편지를 써야 했는데, 도일은 어머니에게 학교생활에 대해 자세히 적어 보냈다.

그럼에도 불구하고 학교는 도일이 이야기꾼으로서의 재능을 발견한 중요한 장소였다. 어머니가 그에게 이야기를 들려주었듯, 도일은 다른 학생들에게 이야기를 들려주기 시작했다. 학생들은 도일의 이야기를 듣기 위해 그에게 과자를 주곤 했는데, 그가 책상 위에 올라가 유난히 긴장감이 넘치는 대목을 말할 때는 사과 한 알을 주었다. 도일은 주인공들의 불운에 대해서는 목이 쉴 때까지 열연했다. 그렇게 그는 연재소설의 요령을 터득했다. 재미있는 이야기에 따르는 보상을 얻어내는 데도 책을 읽는 데도 열성적이었다.

가족과 함께 살 때는 도일 때문에 도서관위원회에서 누구도 하루

도일이 청소년기를 보낸 스토니허스트의 전경

예수회 학교였던 만큼 이곳에서 도일은 금욕적인 규율을 철저히 지켜야 했다. 학교의 교육 방식은 학문적 성취가 아닌 공포와 위협을 바탕에 둔 것이었다. 교사들은 학생들이 둘이서만 있는 것을 용납하지 않았으며, 밤이면 공동 침실을 순시했다. 학생들은 끊임없이 감시받았고, 교사들은 체벌을 가했다. 도일은 교칙을 종종 위반했으며 교사들이 매를 드는 것에 대해 공공연하게 반항했다. 그는 금욕적이고 억압적인 교풍을 내세우며 다른 종교를 허용하지 않는 가르침에 의문을 품기 시작했고, 학교를 떠날 즈음에는 기독교에서 완전히 멀어졌다.

에 세 권 이상 책을 대출할 수 없다는 규칙을 만들었을 정도였다. 당시 그를 매혹한 것은 영국 시인이자 소설가인 월터 스콧의 모험담이었다.

> 내가 서사에 입문하게 된 것은 황록색 표지로 된 스콧의 소설들 때문이었다. (…) 소년 시절, 나는 모두가 잠든 한밤중에 타다 남은 촛동강 옆에서 남몰래 그 책들을 읽었는데, 그러한 일종의 범죄 의식은 소설을 읽는 데 새로운 열기를 더했다. (…) 정말 대단한 책이다! 내 생각에는 우리 언어로 쓰인 두 번째로 위대한 역사소설이다.
>
> ── 아서 코넌 도일, 『마법의 문을 지나』, 지은현 옮김, 꾸리에, 30~32쪽

> 나는 『아이반호』가 스콧의 소설들 중 최고라고 생각한다고 말했다. 대부분의 사람들이 동의할 거라고 여긴다. 그렇다면 두 번째로 좋은 작품은 뭘까? 찬미자들이 평균적으로 명예의 전당에 올려놓지 못할 책을 찾는 것이 어렵다는 말은 그만큼 스콧의 소설들이 우수하다는 증거다. 스코틀랜드에서 태어난 사람에게 스코틀랜드의 삶과 인물을 다루는 소설들은 본바닥 특유의 생생한 성질을 갖고 있어 별도의 자리를 따로 내주어야 마땅하다.
>
> ── 『마법의 문을 지나』, 36쪽

하지만 뭐니 뭐니 해도 도일에게 큰 영향을 끼친 인물은 영국의 역사가이자 정치가인 토머스 배빙턴 매콜리다. 도일 스스로도 자신이 진정으로 영향을 받은 첫 번째 책이 매콜리의 『에세이』라고 밝

히기도 했다.

나는 열여섯 살의 나이에 런던을 방문했을 때 짐을 풀어놓은 뒤 처음으로 한 일이 매콜리의 무덤으로 성지순례를 간 것이었다는 사실을 기억한다. (…) 그것은 내가 런던에 머무는 동안 유일한 관심의 대상이었다. 아마 틀림없이 그때는 그에게 모든 것을 빚지고 있다고 생각했을 것이다. 그것은 단지 새로운 관심사에 대한 자극이나 알고자 함뿐만이 아니라 그 매혹적인 신사다운 어조와 폭넓고 진보적인 관점, 전반적으로 편협함과 편견이 없다는 이유 때문이기도 했다.

— 『마법의 문을 지나』, 18쪽

도일은 자신의 삶에 큰 영향을 끼친 두 번째 작가로 서슴지 않고 포를 꼽았다. 포가 공포소설도 썼다는 점을 감안하면 『바스커빌 가문의 개』의 작품 분위기를 어디에서 영향을 받았는지 짐작할 수 있을 것이다. 실제로 도일은 공포 단편소설들도 창작했다. 그의 공포 단편선에 대해서는 뒤에서 이야기하기로 하고, 일단은 포에 대한 그의 예찬을 들어보자. 도일은 포가 "강렬함, 참신함, 치밀함, 재미의 강도, 마음속에 남겨진 생생한 느낌"(『마법의 문을 지나』, 116쪽)을 모두 갖춘 거장이라고 생각했다. 추리소설을 좋아하는 사람에게 포에 대한 도일의 이런 평가는 전혀 놀라운 일이 아니다. 포의 「모르그가의 살인 사건」은 추리소설·탐정소설의 시초이며, 「황금벌레」는 암호 해독 이야기의 원형이다. 「검은 고양이」와 「고자질하는 심장」

도일에게 작가적 상상력을 불어넣은 에드거 앨런 포

도일이 추리소설가가 되는 데 가장 큰 영향을 끼친 작가는 포라고 할 수 있다. 포가 창조한 C. 오귀스트 뒤팽은 이후 수많은 탐정 캐릭터의 원형이 되었다. 포는 인간 심리의 복합적인 면모를 놀라운 정도로 꿰뚫어 보았고, 작품 속 그의 심리묘사는 수많은 작가들에 의해 인용되었다.

은 뛰어난 공포소설이다. 단편소설 「어셔가의 몰락」이나 시 「더 레이븐」 「애너벨 리」도 포의 작품 세계를 언급하는 데 빼놓을 수 없다.

> 포는 내 마음속에서 항상 최고로 독창적인 단편소설 작가이다. (…)
> 작가들의 "범죄의 발견"이라는 엄청난 결과에는 그의 역할이 지대
> 했기 때문이므로 그의 덕으로 돌려야 한다. 작가들 각자가 스스로
> 약간의 발전을 도모할 수는 있겠지만, 능수능란하게 다루는 힘, 절
> 제된 표현, 빠르고 극적인 요소라는 무척이나 경이로운 주된 기량
> 은 뒤팽 씨의 감탄할 만한 이야기까지 그 기원을 거슬러 올라가야
> 한다. 결국엔 이상적인 탐정 덕에 지적인 예리함이라는 하나의 자
> 질도 있을 수 있으며, 그것이 일단 감탄할 정도로 훌륭히 행해졌을
> 때 이후의 작가들은 불가피하게 언제나 동일한 행로를 따르는 것
> 에 만족해야 한다.
>
> ―『마법의 문을 지나』, 116~117쪽

한편 스토니허스트 시절에 도일은 키도 몸집도 커졌으며 운동에 재능을 발견했다. 그가 홈스에게 뛰어난 운동신경을 부여한 것은 어쩌면 자신의 일부를 투영한 것인지도 모른다. 덕분에 이는 다른 탐정 캐릭터와의 뚜렷한 차별점 중 하나로 작용한다. 홈스는 변덕스럽고 권태에 빠진 인물이며 안락의자에 앉아 머릿속으로 사건을 해결하곤 하지만, 언제나 집 밖으로 뛰어나가 이륜마차를 잡아탈 준비가 되어 있다. 물론 그 자신이 운동을 좋아하기도 하지만 도일의 관심사가 아주 오랫동안 모험소설에 있었다는 점도 빼놓을 수

는 없겠다. 그는 읽은 대로 살았고, 읽고 싶은 글을 썼으며, 하이킹, 자전거, 승마, 골프, 사냥, 당구, 스키를 즐기는 등 내내 활동적이었다. 스칸디나비아반도의 스포츠였던 스키를 스위스에 처음으로 도입한 사람 중 하나가 그였다. 도일은 홈스처럼 권투에도 소질이 있었으며, 대학에서는 럭비 팀 주전으로도 활동했다. 게다가 그는 문학가들로 구성된 크리켓 팀에서 가장 실력 있는 선수로 꼽혔고, 팀을 위기에서 자주 구해냈다.

도일의 삶에서 스토니허스트 시절이 중요한 또 한 가지 까닭은 그가 종교에 대해 회의적인 시각을 분명히 품게 되었다는 데 있다. 엄격한 교육 방침으로 오히려 도일은 다른 종교를 허용하지 않는 신학의 가르침에 반발하게 되었다. 가톨릭교회에서는 의심을 품는 일을 허용하지 않았지만, 도일은 아버지의 종교로부터는 점점 멀어지고 있었다.

북쪽의 아테네, 에든버러

열여섯 살에 대학 입학시험을 통과한 도일은 고향에 있는 에든버러 의대에 들어가기로 결정했다. 금전적인 여유가 있었다면 옥스퍼드대나 케임브리지대 입학도 고려했겠지만, 실용 분야인 의학으로 따지면 에든버러대는 이미 세계적인 명성을 누리고 있었다. 하지만 어찌 된 일인지 입학 전 1년간 그는 오스트리아의 펠트키르히수도회에 머물렀다.

그곳에서 도일은 《펠트키르히언 가제트》라는 잡지의 편집자이자 단독 기고자가 되었다. 하지만 이 시절에 있었던 가장 큰 사건은 고향의 어머니가 하숙을 치기로 한 것이었다. 첫 번째 하숙생은 도일보다 여섯 살 위인 브라이언 찰스 월러였다. 그는 도일이 진학을 앞둔 에든버러대를 졸업한 의사였다. 같은 학교를 다녔다는 점 외에도 두 사람 사이에는 유사성이 많았다. 월러 역시 무신론을 옹호했다.

작가이자 방송인 마틴 피도는 『셜록 홈즈의 세계』에서 월러가 얼마나 중요한 인물인지 알려진 때가 1900년대 후반에 이르러서였다고 썼다. 실제로 그 이후에 쓰인 도일에 관련한 책에서는 월러가 중요하게 언급된다. 이는 옥스퍼드대 출판부에서 1990년대 초반에 펴낸 옥스퍼드 셜록 홈스 시리즈에 참여한 역사학자 오웬 더들리 에드워즈가 1887년 이전(셜록 홈스 탄생 이전) 도일의 삶을 연구한 「셜록 홈스에 관한 탐구」라는 논문에서 처음 밝혀낸 것이었다.

월러의 중요성을 예로 들면 이런 것이다. 1877년에 태어난 도일의 막냇동생 브라이언 메리 줄리언 조세핀 도일의 세례명은 브라이언 메리였는데, 브라이언이라는 이름이 눈에 띈다. 이후 도일 가족은 더 많은 하숙인들과 더 큰 집으로 이사를 갔다. 그 시기 그의 아버지는 입원과 퇴원을 반복하는 중이었고, 몇 년 뒤에는 정신병원에 입원하며 죽을 때까지 가족들과 떨어져 지내게 되었다. 당시 그 집을 빌린 사람은 공식적으로 월러였다. 게다가 메리는 세상을 떠나기 전까지 40년 동안 요크셔에 있는 월러 가문 소유의 땅에서 살았으니 도일에게 경제적으로 도움을 줄 수 있는 형이 생긴 것이나 다름없었다.

한편 에든버러대학에서 그리어슨 장학금을 받으면 2년간 한 해에 40파운드씩 받을 수 있다는 사실을 알게 된 도일은 월러의 도움을 받아 벼락치기로 시험을 준비했다. 결과는 합격이었고, 도일 가족은 기뻐했다. 이것은 도일이 어머니의 희생에 보답하는 첫 번째 일이 될 예정이었다. 하지만 장학금을 받기 위해 학교에 가자 대학 측에서는 착오가 있었다며 장학금은 예술대 학생 한정이라고 했다. 장학금에 관련된 예기치 않은 잡음과 함께 도일의 대학 생활이 시작되었다.

에든버러대학의 옛 의대 건물을 찾아가는 데는 로열마일이 좋은 시작점이 되어준다. 로열마일은 이름처럼 스코틀랜드 왕가의 자부심을 느낄 수 있는 왕실 전용 도로였다. 올드타운 남쪽에 자리 잡은 에든버러성과 동쪽의 홀리루드하우스궁전을 연결하는 로열마일. 나는 에든버러에 방문할 때마다 굳이 로열마일 근처에 숙소를 잡아 이른 아침이나 늦은 밤에 산책을 다닌다. 클로스close라고 부르는 좁은 골목길들이 핏줄처럼 여기저기로 뻗어나간다. 이 도시에는 대체로 비가 내리는 중이다. 처음 이곳을 찾았을 때는 로열마일을 중심으로 걸었으나, 지금은 클로스를 따라 이곳저곳을 다닌다. 클로스를 빠져나가면 나오는 풍경에 누구라도 반하지 않을 수 없다.

에든버러 시내 기념품점에서 본 엽서에는 영국의 다른 지역과 무관하게 에든버러는 언제나 춥다는 유머러스한 그림이 그려져 있었는데, 북쪽에 위치한 도시답게 늦게까지 쌀쌀하고 일찍부터 쌀쌀하다. 하일랜드로 여행하다 보면 그 추위는 더 이상 농담이 아니게 된

다. 정확히는 습기 어린 추위다. 스코틀랜드에서는 하루의 날씨를 예측하는 방법이 딱 하나 있는데, 언제 비가 내릴지 모른다는 사실을 명심하는 것이다. 춥다는 생각을 하지 않다가 추적추적 비가 내리기 시작하면 해가 지고, 갑자기 으슬으슬 추워지니까. 에든버러의 밤에 대해서는 도일과 심령술을 이야기할 때 다시 말하기로 하자.

변덕스러운 날씨 때문에 에든버러의 축제는 가장 날씨가 좋은 한여름에 펼쳐진다. 8월의 에든버러는 덥지도 습하지도 않다. 분야를 가리지 않는 공연이 열리는 에든버러국제페스티벌, 프린지페스티벌, 북페스티벌, 맥주페스티벌, 밀리터리타투, 대형 불꽃놀이가 이곳으로 사람들을 끌어들인다. 그래서 8월에는 숙소를 예약하는 것이 무척 어렵다. 내가 처음 에든버러를 찾았을 때는 런던에서 야간버스를 타고 새벽에 도착해 시내 관광을 하는 식으로 왕복 숙박을 버스에서 했다. 나는 11월에 에든버러를 방문하는 것을 가장 좋아하는데, 춥고 수시로 비가 내리며 해가 빨리 져 어느 곳을 가더라도 한산하기 때문이다.

로열마일은 양옆으로 건물들이 솟아 있어 그 너머의 풍경을 제대로 보기 어렵다. 하지만 좁고 어두운 클로스들을 빠져나가면 갑

에든버러의 숨은 명소, 클로스

로열마일은 에든버러성에서 홀리루드하우스궁전까지 이어지는 돌길로, 에든버러 올드타운의 심장부와 같은 곳이다. 이곳을 이용할 수 없었던 시민들은 주로 클로스라고 불리는 좁은 골목 길로 다니곤 했다. 중세시대의 분위기가 물씬 나는 클로스 자체도 매력이지만, 온갖 클로스를 빠져나가면 나오는 풍경에 반하지 않을 수 없게 된다.

자기 밝아지면서 저 멀리 있는 풍경들이 눈에 들어온다. 스코틀랜드를 여행하면서 진흙투성이가 된 신발이 여러 켤레였는데, 언제나 예고 없이 비가 내리고, 맑아도 땅은 젖어 있고, 조심하지 않으면 높지도 않은 언덕에서 미끄러지기도 하니, 불친절한 지형과 날씨에도 불구하고 이 도시가 사람들을 끌어모은다는 사실이 가끔은 기적처럼 느껴진다.

로열마일을 걷는다. 『로빈슨 크루소』를 쓴 영국의 소설가 대니얼 디포는 『대영제국 여행기』에서 로열마일을 "영국에서뿐 아니라 세계에서 가장 넓고 길고 멋진 거리"라고 말했는데, 지금 여행하기에도 그 즐거움이 부족하지 않다. 왕족과 귀족 들만이 통행할 수 있는 1마일가량의 이 거리와 통하는 숱한 클로스들이 눈길을 끈다. 로열마일이 대동맥 같다면, 곳곳에 뚫린 이 길들은 미세 혈관 같다. 혹은 로열마일을 생선의 등뼈에, 클로스를 작은 가시들에 비유할 수도 있겠다.

중세 초기 노섬브리아 왕국(앵글로색슨족이 세운 칠왕국 중 하나) 이래 스코틀랜드의 중심지로 기능해온 에든버러는, 11세기 이후 스코틀랜드 왕실이 자리 잡은 곳이기도 했다. 에든버러의 뉴타운이라 불리는 지역은 18세기에 만들어졌는데, 거기에는 사연이 있었다. 1751년 9월, 에든버러 중심에 있던 6층 건물이 붕괴하는 사고가 일어났다. 상류층 거주지에서 일어난 이 사고로 유력 귀족 가문의 사상자가 다수 발생하자 신시가지를 만들 필요성이 대두되었다. 그래서 당시 시장이었던 조지 드러먼드가 지금과 같은 에든버러의 모습을 만들어냈는데, 덕분에 그는 '근대 에든버러의 건립자'라고 불

스코틀랜드의 아테네, 에든버러

에든버러는 스코틀랜드에서 글래스고에 이은 두 번째 규모의 도시로, '북쪽의 아테네'라고 불린다. 에든버러의 올드타운이 고대 그리스의 폴리스처럼 지어졌다는 시각적 유사성 때문에 붙은 별명이다. 물론 스코틀랜드식 농담으로 말하면 아테네야말로 남쪽의 에든버러다. 소설가 로버트 루이스 스티븐슨은 "풍경에 연극적 트릭"을 더한 에든버러를 이렇게 설명했다. "아치 밑을 들여다보고, 지하실 입구처럼 보이는 계단을 내려가고, 길가의 지저분한 공동주택 뒤편에 난 창문으로 돌아가면 무엇이 있는지 보라! 멀리 보이는 밝은 풍경을 마주하게 된다."(에릭 와이너, 『천재의 발상지를 찾아서』, 노승영 옮김, 문학동네, 254쪽) 올드타운을 여행하면 그의 말과 같은 경험을 하게 된다.

리게 되었다. 첫째로 오염된 땅이어서 악취가 진동했던 노스로크를 흙으로 메웠는데, 이 지역은 지금의 프린스스트리트가든이 되었다. 프린스스트리트가든을 중심으로 고지대에 올드타운이, 저지대에 뉴타운이 자리하며, 올드타운과 뉴타운을 잇는 노스브리지 육교가 이 시기에 만들어졌다. 올드타운과 달리 뉴타운은 동서로 뻗은 대로를 따라 남북으로 통행료를 냈다. 뉴타운의 프린스스트리트가든에 서서 바라보는 올드타운의 모습은 에든버러의 그림엽서나 사진 등에 자주 등장하는데, 오래된 도시의 전통과 자부심, 아름다움을 한눈에 느끼게 한다. 언제 봐도 질리지 않는 풍경이다.

에든버러 전체를 조망할 수 있는 장소는 세 곳이 있는데, 그중 첫 번째는 당연히 에든버러성이며, 그다음은 아서스시트 그리고 마지막은 칼턴힐이다.

에든버러 시내에서 가장 눈에 띄는 건축물은 "거대한 돌 귀신"처럼 우뚝 솟은 에든버러성이다. 돌 귀신이라는 표현은 『천재의 발상지를 찾아서』의 저자 에릭 와이너가 에든버러를 소개하며 사용한 말이다. 화강암 절벽 사이에 축조된 성은 에든버러가 옛 스코틀랜드 왕국의 수도일 때부터 도시를 지킨 요새였다. 올드타운의 가장 높은 지대에 지어진 에든버러성은 뉴타운에서도 잘 보이는데, 올드타운과 뉴타운의 경계에 있는 웨이벌리 기차역에서 나오자마자 시선을 사로잡는 풍경이기도 하다. 에든버러를 여행하는 법은 몇 가지가 있을 텐데 올드타운이라고 불리는 지역의 고풍스러운 건물 사이를 지나 로열마일을 따라 에든버러성에 이르는 구간을 산책하다 보면 에든버러뿐 아니라 스코틀랜드의 관광산업을 축약해놓은 듯한 인상

에든버러의 랜드마크, 에든버러성

바위산 위에 자리하고 있는 견고한 성으로, 에든버러 시내를 한눈에 조망할 수 있다. 산을 올라가다 보면 웅장한 그 모습에 압도되고 만다. 입구에는 전통의상을 차려입은 병사가 보초를 서 있으며, 대연회장에는 과거 스코틀랜드의 왕이 대관식 때 사용했던 '운명의 돌'이 전시되어 있다.

을 받게 된다.

다음으로 홀리루드공원에 위치한 아서스시트는 에든버러가 한 눈에 내려다보이는 곳으로, 흐드러지게 핀 히스와 붉은 암석 들이 노출된 언덕이다. 영국의 전설적 영웅 아서왕이 에든버러를 정복한 후에 올랐다는 곳으로도 알려져 아서왕 전설에 나오는 궁전인 카멜 롯이 이곳에 있었다고 믿는 사람들도 있다.

마지막으로 로열마일 맞은편에 있는 칼턴힐에서는 360도 파노 라마로 도시의 전경을 볼 수 있다. 파노라마를 발명한 사람이 스코 틀랜드의 미술가인 로버트 바커인데, 칼턴힐에서 본 에든버러 전경 에서 힌트를 얻어 1787년에 특허를 냈다고 한다. 그는 1791년 자신 이 낸 특허의 결과물을 보여주는 전시회를 위해 파노라마라는 용어 를 고안했고, 너비 91미터, 높이 15미터로 거대한 에든버러 파노라 마 사진을 전시하기도 했다.

의사와 작가의 갈림길

에든버러대학의 옛 의대 건물 정문의 서쪽 벽에는 도일의 이름이 새겨진 플래크가 있다. 학교 안쪽으로 들어갈 필요도 없이 큰길 근 처 잘 보이는 곳에 있어 찾기 쉽다.

스코틀랜드 계몽주의의 가장 위대한 성취는 의학에 있었다. 내과 의사 제임스 린드는 대항해시대에 장기간 배에서 생활해야 했던 선 원들의 괴혈병을 예방할 수 있는 식품이 감귤류라는 사실을 밝혀냈다. 윌리엄 비컨이 의료진에게 환자를 진료하기 전에 손을 씻으라고 권고한 급진적인 제안도 이곳에서 나왔다. 외과 수술을 위한 마취에 클로로포름을 사용하기 시작한 곳도 스코틀랜드였다. 에든버러의 어머니들에게 아들이 의사가 된다는 것은 중요한 의미를 가졌다. 1789년에는 에든버러의 대학생 중 40퍼센트가 의대생이었다고 한다(여성은 1889년에 대학 입학이 가능해졌다).

도일의 회고에 따르면 특정 시간에 특정 수업이 진행되었고, 그 수업을 듣고 싶으면 듣고, 듣지 않더라도 학교 측에서는 전혀 제재를 가하지 않았다. 학생들을 자율적으로 교육한다는 취지일 수 있으나 반대로 학생들에게 무관심했다고도 할 수 있겠다. 시험은 정기적으로 치러졌지만 시험을 보느냐 보지 않느냐도 선택하기 나름이었다. 1000명당 600명 정도로 성직자, 변호사, 의사를 배출하는 데는 성공했지만, 나머지는 그렇지 못했다. 도일과 대비되는 또 한명의 인물을 통해 그 상반된 두 경우의 수를 이제 곧 살펴볼 예정이다. 어쨌든 도일의 생각에 대부분의 수업 내용은 환자를 치료하는데 직접적으로 도움이 되는 것들이 아니었다. 그럼에도 에든버러대학은 다른 대학들에 비해 실용적인 부분에서 분명 앞서 있었다. 게다가 1870년대의 대학 교육은 지금과 달랐다. 학생들은 교수에게 직접 돈을 지불하고 수업을 들어야 했다.

도일의 대학 생활은 의사가 되는 준비 과정인 동시에 가족을 부양하기 시작한 시기였다. 그는 어머니의 헌신을 누구보다 잘 알았으므로, 1년 치 수업을 반년으로 단축하면서까지 돈을 벌 수 있는 방법을 찾기 위해 애썼다. 기대했던 그리어슨 장학금을 받지 못했기

에든버러대학의 옛 의대 건물

도일은 1876년에 에든버러대학에 입학해 식물학, 화학, 해부학, 생리학 등을 익혔고, 이때 습득한 의학적 지식들을 작품에 담아냈다. 또한 의학 지식을 활용해서 잘못된 내용을 바로잡아 억울하게 감옥살이하는 이들에게 도움을 주기도 했다.

때문에 더 초조했다. 도일은 배운 기술을 사용하기 위해 1878년 초여름이 되자 셰필드의 빈민가에 위치한 새뮤얼 리처드슨의 병원에서 첫 일을 시작했다. 비록 3주 만에 그만두었지만.

도일은 런던으로 가 의사 신문에 일을 찾는 광고를 냈고, 텅 빈 주머니로 구직 전선에 나섰다. 트래펄가광장에서는 1실링 은화를 받고 군인이 되라며 신병 모집에 나선 하사관의 말에 잠시 솔깃했으나 광고에 답이 온 덕분에 슈롭셔의 라이턴에서 월터 엘리엇 박사의 조수로 4개월간 일할 수 있었다. 라이턴은 조용한 시골 마을이었기 때문에 이 시기 도일은 많은 양의 독서를 할 수 있었다. 이곳저곳을 떠돌며 의사 밑에서 조수로 일하며 돈을 벌고, 남는 시간에는 책을 읽는 생활이 한동안 이어졌다. 그는 공연을 볼 기회를 놓치지 않았고, 우격다짐을 해야 할 때는 피하지 않았다. 복학한 이후에 도일은 이번에는 버밍엄에서 꽤 이름이 알려진 개업의로 말을 다섯 필이나 보유한 호어 박사의 조수로 일했다. 수입은 많았으나 이른 아침부터 늦은 밤까지 왕진을 다녀야 해서 고되었다. 도일은 호어 박사의 조수로 두 번이나 일을 했으며, 그 가족과도 가까워져 거의 아들 같은 관계가 되었다고 회고했다.

하지만 이 기나긴 조수로서의 일 말고도, 독서가로서의 왕성한 탐독 말고도, 도일은 새로운 일을 탐색하는 중이었다. 그는 자서전에 자신이 쓴 편지가 생생하고 내용이 분명해 분명 팔릴 만한 글을 쓸 수 있으리라는 말을 친구로부터 들은 적이 있다고 적어놓았다. 문학에 대한 소망이 강렬했음에도 그런 말을 들었을 때 적잖이 놀랐다고. 어쨌든 이제 그는 소설을 쓰기로 했다. 스토니허스트 시절에 친구들 사이에서 이야기꾼으로 주목받았던 그리고 간식으로 보상받았던 일을 그는 잊지 않고 있었다. 도일은 자신이 읽고 싶은 이야기를 썼다. 소설 속에서 모험은 이어질 것이고, 도일이 주인공을 아슬아슬하면서도 성공적으로 구해낸 나 에 이 비 이 ㄷ ㅇ 수 위 옥 지도 몰랐다.

도일은 아이디어 북을 만들어 앞으로 쓸 이야기의 개요를 한두 줄로 거기에 적어놓았다. 첫 시도는 1878년이었는데, '존 스미스의 이야기'라고 알려진 이 소설은 우편물과 함께 분실되어 찾을 수 없게 되었다. 그리하여 1879년 《체임스버스 저널》에 발표한 「사샛사 계곡의 비밀」이 그의 공식적인 첫 작품으로 기록되어 있다. 그가 원고료로 받은 3기니가 큰 금액은 아니었지만 작품을 팔아 돈을 벌 수 있다는, 환금성에 눈을 떴다는 사실이 가장 중요했다. 게다가 같은 해에 「미국인 이야기」가 《런던 소사이어티》에 실리면서 소액의 수표를 받게 되었다. 하지만 그때까지만 하더라도 글로 큰돈을 벌 수 있으리라는 기대를 한 것은 아니었다.

북극에서 마주한 대자연의 아름다움

의대생의 생활을 황폐하게 하는 시험 준비에 여념이 없던 스무 살의 도일에게 동급생인 커리가 찾아왔다. 커리는 자신을 대신해 포경선의 의사 자리에 갈 사람을 구한다고 했다. 기본급인 월 2파운드 10실링에 고래기름 1톤당 3실링씩을 더 준다는 제안이었다. 심지어 장비도 준다는 말에 도일은 곧바로 피터헤드항으로 향했다.

1880년 2월 28일, 오후 2시 포경선 희망호가 출항했다. 도일은 7개월간 배를 탔다. 배 위의 질서는 바깥세상과 달랐다. 이를테면 자격증은 있으나 나이가 들어 실무를 할 수 없는 1등 항해사와 글은 못 읽지만 항해사로서는 뛰어난 주방 보조가 역할을 바꾸는 일이 용인되었다. 승무원은 총 50명으로 절반 정도가 스코틀랜드인이었고 나머지는 스코틀랜드 북동부의 셰틀랜드제도 사람이었는데 걸핏하면 스코틀랜드인들이 문제를 일으켰다.

희망호는 셰틀랜드를 거쳐 간 지 나흘 만에 북극해에 도착했다. 배가 무엇인가에 부딪히는 소리에 아침잠에서 깬 도일이 선실 밖으로 나가 보니 사방이 온통 유빙으로 덮여 있었다고 한다. 유빙 위에는 곰 발자국이 찍혀 있었기에 사람도 그 위를 걸으며 제법 멀리까지 이동하는 것이 가능해 보였다. 또 그 위에는 졸음을 이기지 못한 바다표범이 앉아 있었다. 사냥 허용 기간까지 3주의 시간이 있어 도일은 앞으로 다가올 피범벅의 유빙을 생각도 못 한 채 그저 북극의 공기에 감탄했다. 사냥 허용 기간이라기보다는 정확히 말해 노르웨이와 영국 정부가 사냥 금지 기간을 설정해놓은 것이었다. 새끼가 홀로 살아갈 수 있을 때까지 어미를 죽이지 않는다는, 노르웨이와 영국 정부 사이에서 맺어진 나름의 멸종 방지책이었다. 사냥 금지 기간 중 선원들은 유빙 사이로 배를 몰며 바다표범들이 모여 있는 곳을 파악했다. 항해술과 지도, 경험을 바탕으로 바다표범들의 최종 집결지를 발견했는데, 북위 71도와 75도 사이에서 드넓은 유빙이 모습을 드러냈다. 그 위에는 바다표범의 육아실에 들어선 기분이 들 만큼 수많은 새끼들이 있었다. 평화로운 풍경은 여기까지로, 뱃사람들이 기다린 것은 날짜뿐이었다. 이곳에서 포획 가능한 바다표범은 암컷과 새끼뿐이었다. 7월이 되면 배는 북상해 더 잡기 까다로운 수컷을 사냥했다. 의사로 배에 탄 도일이었지만 그는 보트를 띄워야 할 상황에서는 노를 저었고, 사냥하기 위해 창이나 작살을 던졌으며, 바다표범의 가죽을 벗기는 일에도 참여했다. 와중에 배가 익숙하지 않았던 그는 종종 바다에 빠지거나 유빙 위에 떨어지곤 했다. 선장은 도일에게 다음 항해에서 의사가 아닌 작살수로 배에 오르면 급여를 두 배로 올려주겠다고 제안했지만, 우리에게는 천만다행하게도 도일은 그 제안을 거절했다.

북극에서 보낸 시간은 도일을 평생 따라다녔다. 백야가 그 특이한 경험의 중심에 있었다. 지지 않는 태양에 눈은 점점 피로해졌는데, 에든버러로 돌아가는 길에 아이슬란드 부근에서 드디어 밤을, 별을 보게 된 도일은 그 광경에 감탄하지 않을 수 없었다. 백야라는 시각적 경험만이 아니라, 적막이라는 청각적 경험도 그에게 깊은 인상을 남겼다.

7개월간, 거의 다른 배를 볼 일도 편지 한 통도 없는 시간이 이어졌다. 소리를 내는 존재는 갈매기, 풀머갈매기, 흰머리멧새, 북극갈매기, 아비 등과 같은 새들뿐이었다. 물론 도일 일행이 이윤이 나지 않는다는 이유로 포획하지 않은 고래들은 얼마든지 있었다. 예를 들어 포경선을 겁낼 필요가 없는 27미터나 되는 몸길이의 긴수염고래, 흰돌고래, 일각고래, 범고래, 큰돌고래, 그린란드상어까지. 그리고 유빙 위의 곰과 북극여우도.

선원들과 함께 희망호 갑판에서
낭만적인 모험을 꿈꾸었던 도일은 1880년에 생애 최초의 모험을 하게 된다. 포경선인 희망호
의 선의가 되어 북극으로 가게 된 것이다. 그는 인간이 정착할 수 없는 북극에서 기이하고 매
력적인 일들을 체험했는데, 이 경험은 후일 「북극성호의 선장」에 고스란히 반영되었다. 배 위
에서의 생활이 익숙하지 않았던 그는 여러 번 목숨을 잃을 뻔했지만, 스스로도 덩치만 컸던
청년이 강인한 어른이 될 수 있도록 만들어준 시간이라고 회고했다.

북극의 아름다움은 극한의 고립감을 어떻게 받아들이느냐에 따라 공포로도 느껴질 수 있다. 도일은 포경선에 탔던 경험을 바탕으로 「북극성호의 선장」을 썼다. 도입부에 "의학도인 존 맬리스터 레이의 일기에서 발췌한 내용임을 밝힌다"라는 내용이 나오는데, 주인공이 처한 상황부터 도일을 연상시킨다. 그 자신이 자서전에서 언급했던, 백야가 끝날 무렵 북쪽으로 항해했던 시간의 기록을 소설 속에서 되살려 그려냈기 때문이다. 도일은 첫 문장뿐 아니라 논픽션에 가까운 사실주의에 입각해 초반을 진행시킨다. 그는 자신이 알게 된 사람들과 공간의 특징을 꾸준히 소설에 등장시켰다. 소설은 현실을 그대로 옮기는 작업이 아니기에, 그는 자신이 깊은 인상을 갖게 된 사람이나 풍경으로부터 흥미로운 요소들을 끊임없이 재조합하는 과정을 거쳤다. 그러면서 자연스럽게 하나의 장르, 하나의 심상에 머물지 않게 되었다.

북위 81도 40분, 동경 2도. 변함없이 막대한 빙원 사이에 정박. 배의 얼음 닻을 박아둔 빙원은 북쪽으로 뻗어 있는데, 잉글랜드 땅과 비길 만한 규모다. 좌우로 이어진 얼음판이 지평선까지 끊임없이 펼쳐져 있다. 오늘 아침 항해사는 남쪽으로 얼음덩어리들이 떠다니는 흔적이 확인된다고 보고했다. 아마 우리의 귀향길을 가로막고도 남을 두께일 터이다. 듣자하니 식량마저 차차 떨어지고 있는 상황인지라 아무래도 우리 처지가 곧 위험해질 듯싶다. 지금은 여름의 끝자락이며 어느새 백야가 끝나가고 있다.

오늘 아침에는 활대 바로 위쪽에서 반짝거리는 별 하나를 보았다.

5월 초 이후 처음으로 보는 별이다.

—「북극성호의 선장」, 『J. 하버쿡 젭슨의 진술』, 송기철 옮김, 북스피어, 161쪽

　「북극성호의 선장」은 빅토리아시대의 유령 이야기로, 초반의 서정적인 분위기는 이내 공포에 사로잡히며 뒤바뀐다. 밤마다 갑판 위에 어떤 존재가 등장한다. 유령 이야기의 총본산이라고 해도 좋을 스코틀랜드 출신의 도일은 공포를 다루는 데 있어 뛰어난 재능을 지녔는데, 셜록 홈스 시리즈 중에서 『바스커빌 가문의 개』가 지닌 오싹한 위엄을 좋아한다면 이 소설 역시 아끼게 되리라. 평론가이자 셜로키언인 마이클 더다는 『코난 도일을 읽는 밤』에서 셜로키언이자 유령 소설 연구자 바버라 로든의 말을 인용해, 「북극성호의 선장」이 에밀리 브론테의 『폭풍의 언덕』이나 메리 셸리의 『프랑켄슈타인』에 필적한다는 주장을 전한 뒤, 포커판의 은어를 덧붙인다. "읽은 다음 울어라."

　「북극성호의 선장」은 단편집 『J. 하버쿡 젭슨의 진술』에 수록되어 있다. 도일은 「J. 하버쿡 젭슨의 진술」과 한 편의 소설을 당대에 유명했던 《콘힐》에 익명으로 실었다. 《콘힐》은 윌리엄 메이크피스 새커리부터 스티븐슨에 이르는 작가들의 글을 실었는데, 작가의 이름을 밝히지 않고 싣는 것이 원칙이었다고 한다. 당시 「J. 하버쿡 젭슨의 진술」을 스티븐슨의 작품으로 오해한 비평가가 있었는데, 스티븐슨의 모험소설을 좋아했던 도일은 그 사실에 오히려 즐거워했다. 하지만 그보다는 원고료로 받은 30파운드의 수입이 그를 가장 기쁘게 했다. 30파운드는 의사로서 가장 잘 번 1년 수입의 10퍼센

극적인 아름다움을 보여주는 북극의 백야

북극에서 보낸 시간은 그림자처럼 도일을 평생 따라다녔다. 그곳에서 경험한 백야는 그에게 시각적으로 큰 충격을 안겨주었을 뿐 아니라, 적막이라는 청각적 경험 또한 그에게 깊은 인상을 남겼다. 도일은 북극에서의 생활 가운데 "사그라지지 않는 빛, 하얀 얼음에 반사된 눈부신 빛, 짙푸른 바다 빛"이 가장 선명하게 떠오른다고 이야기했다.

트에 해당하는 금액이었는데, 바꾸어 말하면 책 읽기를 좋아하던 자신이 소설가로서 가능성을 인정받았다는 뜻임과 더불어 안정적 수입원이 하나 더 생겼다는 의미였다.

도일은 항해에 대한 낭만적 상상을 곧잘 했던 것으로 보인다. 그가 사랑했던 모험소설들에서처럼 세계를 둘러볼 수 있기 때문이었다. 게다가 배를 타면 개업하는 데 필요한 돈도 모을 수 있었다. 1881년 10월 22일, 그는 또다시 여객선 마윰바호를 탔다. 이번에는 리버풀에서 출발해 아프리카로 떠났다. 포경선인 희망호가 200톤급이었다는 점을 감안하면 4000톤가량의 기선인 마윰바호는 또 다른 경험의 무대가 되었다. 하지만 이 항해는 나이지리아 라고스 언저리에서 도일이 모기에 물려 앓아누우면서 즐겁지 않은 경험으로 끝이 났다. 이 두 번의 항해에 어김없이 도일과 함께했던 동반자는 그가 좋아하는 매콜리의 『에세이』였다. 뱃사람들은 그 책을 보고 머리 아파했지만, 도일은 기름때가 묻은 책을 오랫동안 간직했다. 북극 항해가 도일에게 모험소설의 무대를 제공했다면, 에든버러대학에는 그에게 홈스라는 탐정을 만드는 데 영감을 준 인물이 있었다.

캐릭터의 원형이 되는 인물들을 만나다

대학 시절의 도일은 헌신적인 독자였다. 점심값으로 헌책을 살 정도였다. 책 한 권과 맞바꾼 한 번의 점심. 당시 그는 이름과 경력 때문인지 몰라도 올리버 웬들 홈스를 눈여겨보았다. 1809년에 태어난 홈스는 미국의 의학자, 시인, 수필가, 평론가였다. 『아침 밥상의 독재자』『아침 밥상의 교수』『아침 밥상의 시인』을 비롯한 작품들을 쓴 그에 대해 도일은 한 번도 본 적 없는 사람을 그렇게까지 궁금해하고 사랑한 적이 없었다면서, 그의 얼굴을 보는 것이 일생의 야망이었으나 운명의 장난으로 그의 무덤이 막 생겼을 즈음에야 그곳에 헌화했다고 한다. 홈스라는 이름도 눈길을 끌지만 그의 작품이 의학이라는 과학적 요소를 가미했다는 점도 빼놓을 수 없다.

대학 시절은 도일의 왕성한 독서에 대한 열정을 충족시킨 동시에 미래에 그의 삶을 바꿀 탐정 홈스의 원형이라고 할 만한 사람을 만난 때였다. 홈스 말고도 그가 만들어낸 다른 주인공의 원형 역시.

도일이 대학에 다니던 시절에는 교수와 학생의 관계가 친밀하지 않았다. 교수는 교실에서만 만날 수 있었고 대화는 금물이었다. 하지만 교수 중에서도 조지프 벨은 눈에 띄는 사람이었다. 매부리코에 회색 눈, 학생들을 사로잡는 카리스마, 딱딱한 말투와 신랄한 태도. 그가 유명한 이유는 또 하나 있었는데, 수업의 60퍼센트 정도에만 관심을 기울이던 도일마저도 사로잡았다. 무조건 일찍 졸업하려고 수업을 많이 듣던 도일은 벨 박사의 외래 담당 서기로 일하게 된다. 당시 무료로 치료받는 대신 강의에서 표본 역할을 하겠다고 자원한 가난한 환자들을 강의 시작 전에 대기시키고, 적절한 타이밍에 교실로 데리고 들어가는 것이 도일의 일이었다. 즉 그는 현대 병원의 접수계원 역할을 했다. 도일과 다른 학생들에게 놀랍게도 벨 박사는 잠깐 환자를 관찰하는 것만으로도 처음 본 사람의 성격, 습관, 병증을 알아맞히곤 했다.

한 환자가 아무 말 없이 강의실의 가스등 불빛 속으로 걸어 들어갔다. 벨이 그를 살펴봤다. "당신은 술 때문에 고생하고 있군요." 벨이 노인을 향해 날카로운 목소리로 말했다. "코트 안주머니에 술병을 넣어 다니기까지 하는군요."

(…) 다리를 저는 퇴역군인이 들어왔다. "자, 당신은……" 벨이 큰 소리로 말했다.

"당신은 육군에서 복무했군요?"

"예, 그렇습니다."

"제대한 지 얼마 되지 않았고요?"

"예. 그렇습니다."

"하일랜드 연대?"

"예. 그렇습니다."

"육군 하사관?"

"예. 그렇습니다."

"바베이도스(베네수엘라 북동쪽 카리브해의 섬나라 — 옮긴이)에 배치?"

"예. 그렇습니다."

"제군들!" 그가 휙 돌아서서 학생들을 향한다. "이 남자는 공손하지만 모자를 벗지 않았다. 군대에서는 모자를 벗지 않지. 그가 제대한 지 오래되었다면 민간인의 방식을 익혔을 것이다. 그는 권위적인 성격을 보여주고 있고, 분명 스코틀랜드 사람이다. 바베이도스 이야기는, 그의 병은 상피증인데, 서인도……" 다음 환자를 들여보낼 준비를 하고 서 있던 도일은 완전히 몰입해서 듣고 있었다.

— 재크 던대스, 『위대한 탐정 셜록 홈즈』, 이유경 옮김, 처음북스, 64~65쪽

이는 도일에 대한 모든 전기에 공통적으로 등장하는 벨 박사와 관련한 장면을 던대스가 재구성한 장면으로, 도일의 자서전 『회상과 모험』과 도일이 1892년에 《스트랜드》의 편집자인 해리 하우와 나눈 인터뷰를 바탕으로 한 것이다.

주머니에 술병을 넣고 다니는 사람을 보고 음주와 관련된 문제가 있다는 것을 알아맞히는 것은 어렵지 않을 것이다. 하지만 스코틀랜드 하일랜드 출신인 군인의 경우를 보면 벨 박사는 그가 햇볕에 그을린 것만을 보고도 최근에 바베이도스에 있었다고 추론했다. 환자가 서인도제도에서는 흔한 상피증을 앓고 있었는데, 이를 바탕으로 벨 박사는 하일랜드 연대가 당시 서인도제도의 바베이도스에 주둔한 적이 있었음을 지적했다. 게다가 빅토리아시대 영국인들은 대영제국에 속하는 여러 대륙의 나라들을 다니며 원주민의 장신구를 모아 시곗줄에 달았으며, 무역이나 군복무를 위해 여행한 지역 특유의 독특한 문신을 했다.

벨 박사는 병든 상태와 건강한 상태 사이의 크고 작은 차이점을 정확하고 빠르게 파악했다. 그리고 일찌감치 관찰이라는 방법론을 핵심적인 의료 기술로 발달시켰다. '주의 깊은 교사는 학생들에게 먼저 환자의 병을 정확하게 알아내는 방법을 가르쳐야 한다'라는 것이 그의 생각이었다.

홈스를 현대 병원으로 옮겨온 듯한 캐릭터 하우스가 주인공인 미국 드라마 〈하우스〉에서 그가 진단의학과 의사라는 설정은 얼마나 적확한 각색인가. 하우스는 환자가 거짓말한다는 것을 알고 있다. 환자는 기껏해야 자신의 증상에 대해 말할 수 있을 뿐이고, 무엇이

홈스의 모델이 된 조지프 벨 박사

도일은 에든버러대학(大學)의 외과의였던 벨 박사의 접수계원으로 일하면서, 환자를 관찰하는 것만
으로도 그의 출신지, 직업, 성격, 버릇 등을 알아맞히는 벨 박사의 능력에 깊은 인상을 받는다.
그리고 훗날 그를 모델로 하여 홈스라는 전무후무한 탐정 캐릭터를 만들어냈다.

중요한지 모르기 때문에 필요한 정보를 제대로 전달하기도 어렵다. 의사의 경험을 바탕으로 한 관찰은 그래서 중요하다.

벨 박사의 이러한 추론 방식이나 대화를 이끄는 방식은 우리 모두에게 익숙하다. 홈스는 의뢰인이 찾아왔을 때 이 방식을 사용해 의뢰인을 (그리고 독자를) 혹하게 만든다. 마치 점술이나 마법처럼 보이지만 그는 관찰만 했을 뿐이다.

탐정을 창조하기로 결심했을 때 도일은 벨 박사의 관찰하는 태도와 빠른 추리를 기억해냈다. 탐정이 관찰한 현실에 철저하게 의존해 추론한다. 그 과정에서 비약이 생길 수밖에 없으며 실수가 있을 수 있음을 벨 박사는 잘 알고 있었다. 하지만 도일은 그의 과학적인 관찰력과 인본주의적인 추론 능력을 높이 샀다. 벨 박사는 자신의 방법이 의학적으로도 효과적일 수 있다는 확신을 가지고 있었다. 벨 박사가 환자의 이력을 알아맞히는 일은 학생뿐 아니라 환자에게도 무척 놀라운 것이었으므로, (의뢰인들이 홈스에게 하듯) 환자도 의사에 대한 경외심을 갖게 되고 그를 바탕으로 한 신뢰는 플라세보(속임약)효과로 이어질 수 있었다.

도일은 후일 홈스 소설을 쓸 때까지 벨 박사의 방법을 보기만 한 것이 아니라 식당에서 만난 초면인 사람들의 신상 명세를 그의 방법을 사용해 알아맞히곤 했다. 도일의 자녀들이 최초의 청중이 되었다. 그는 소설의 주인공이 독자들에게 이러한 경외심을 심어줄 수 있으리라고 판단했다. 그리고 그 결과는 당신도 아는 바로 그것이다.

도일은 벨 박사와 그의 진찰실 추리법이 홈스의 원형이 되었음을 여러 번 밝혔다. 성격만의 문제는 아니었다. 홈스는 외모부터 벨 박사와 비슷했다. 옆모습만으로도 언제나 알아볼 수 있는 매부리코, 잿빛 눈과 좁은 미간까지. 셜록 홈스 시리즈의 삽화를 그린 패짓은 벨 박사의 뻣뻣한 회색 머리칼 대신 양쪽 관자놀이가 올라간 모습으로 홈스를 해석해냈지만, 그 인상은 벨 박사의 그것과 유사해 보였다. 하지만 벨 박사는 도일이 자신을 홈스의 원형으로 거듭 밝히자 "[도일이] 내게 진 빚은 그가 생각하는 것보다 훨씬 적다"라고 했다.

생리학 교수 윌리엄 러더퍼드 역시 도일에게 중요한 영감을 준 사람이었다. 술통 같은 두꺼운 흉부에 무성한 검은 턱수염을 늘어뜨리고, 목소리가 크고 자기 과시적인 성격의 러더퍼드 교수는 강의실에 들어서기 전부터 말을 시작했는데 학생들이 그 소리를 들을 수 있을 정도였다. 러더퍼드 교수는 도일의 또 다른 인기 캐릭터인 챌린저 교수의 모델이 되었다. 챌린저 교수는 도일 말년의 캐릭터 중 하나로, 『잃어버린 세계』를 비롯한 챌린저 교수 시리즈를 이끌었다. 러더퍼드 교수는 유럽 대륙에서 해부용으로 들여온 양서류를 과격하게 해체하며 "에이! 이 독일 개구리들!"이라고 소리치곤 했다는데, 확신에 찬 벨 박사와 러더퍼드 교수의 태도는 아마도 둘 다 홈스의 특징이기도 할 것이며, 그 능력에 감탄하는 것은 왓슨과 도일 자신의 기질과 관련 있을 것이다.

대학 시절 도일이 만난 사람 중에서 중요한 인물이 또 하나 있다. 『A. 코난 도일: 셜록은 셜록』을 쓴 피어슨은 조지 터너빈 버드에 많은 분량을 할애했다. 그는 버드가 도일에게 소설을 쓰게끔 강력하게 권고했다고 주장했다. 버드는 극적으로 말하는 스타일로, 변신에 능한 배우처럼 극과 극을 오가는 사람이었다. 도일이 개업을 한 초기까지 버드는 그의 삶에 큰 위기의 원인이 되었다. 버드는 자신이 가진 능력보다 더 스스로를 대단하게 여겼고, 조증과 편집증이 있었으며(죽은 뒤 그의 폭발적 성격에 병리학적 이유가 있음이 밝혀졌다고 도일은 회상했다), 무모한 일을 자주 저질렀다. 뛰어난 운동신경을 가진 그는 럭비에 특히 소질이 있었지만 걸핏하면 난폭한 플레이를 선보였다.

미성년자인 여성을 데리고 달아나 결혼한 뒤 버드는 한동안 보이지 않았는데, 그는 도일이 아프리카에 다녀온 무렵에 개업했다면서 연락을 해왔다. "이곳에서 개업. 대성공. 가능하면 다음 열차로 올 것. 자네가 와야 할 이유는 여럿 있음. 멋진 시작임."(아서 코넌 도일, 『아서 코난 도일 자서전』, 김진언 옮김, 현인, 82쪽) 영국 서남부의 항구 도시 플리머스에서 보낸 전보에는 연 300파운드를 보장한다는 말이 적혀 있었고, 그 결과 1882년의 늦봄에서 초여름에 걸친 기간 동안 도일은 아무리 좋게 말해봐야 '지적 사기꾼'인 버드에게 휘말리게 된다. 버드는 돈을 벌 수 있는 확실한 방법은 신문에 이름이 나는 것이라고 생각했다. 그가 고소득을 올리는 방법은 천재적이었지만 어디까지나 사기였다. '무료 상담, 단 약값은 유료'가 그 방법이었는데, 환자들에게 약값을 비싸게 청구해 결국 다른 병원과 같은 진료비를 받아냈다. 하지만 무료로 상담을 진행한다고 광고했기에 손님들이 몰려들었다. 진짜 문제는 약을 이것저것 가리지 않고 마구 써댔다는 것이다. 버드는 적절한 중독이야말로 약을 쓰는 목적이라고 믿었으며 약으로 환자가 죽지 않는다면 괜찮다고 여겼다. 환자들의 증상이 나아지기도 했지만 위험한 일도 있었다. 환자들을 대하는 태도 역시 중구난방이었다. 호통을 치거나 농담을 하는가 하면 나가는 환자 뒤를 따라가며 잔소리를 하기도 했다. 도일의 회상으로는 "북적이는 아침에 함께 있자면 마치 팬터마임이라도 보고 있는 듯 우스워서 나는 웃다가 지쳐버리곤 했다"(『아서 코난 도일 자서전』, 83쪽)고 한다. 어쨌거나 과장법에 능한 버드는 남다른 표현술을 가지고 있었다. 예를 들어 "나폴레옹 보나파르트를 위해 세워진 최고의 기념비는 영국의 국채다" 혹은 "미국을 상대로 한 영국의 주요 수출품은 미국이다"(『A. 코난 도일: 셜록은 셜록』, 83쪽)라고 이야기했다.

또한 피어슨은 버드가 도일의 챌린저 교수 시리즈 속 주인공의 모델이라고도 했다. 소설 속에서는 재미있는 인물로 묘사되지만, 실제로는 도일에게 유쾌하지 못한 경험을 안긴 기피 인물이었다. 버드에게 휩쓸린 도일을 구해낸 사람은 어머니로, 친구를 잘못 사귄 어린 아들을 악의 구렁텅이로부터 건져 올렸다. 처음부터 버드와 함께 일하겠다는 것에 반대했던 그녀는 편지로 아들을 몰아붙였다. 아들이 파산한 사기꾼과 어울린다며 강력하게 비난한 것이다. 그 편지를 버드 부부에게 들키면서 도일은 불명예스럽게 일을 그만두게 된다. 버드는 병원 매출이 떨어진 이유가 자신에게 오려고 한 환자들이 도일에게 진료를 받게 될까 걱정해 병원을 찾지 않아서라고 주장했다. 어쨌든 도일은 버드와의 불화로 플리머스를 떠난다. 1882년 7월, 도일은 아는 사람이 하나도 없는 곳임에도 불구하고 플리머스와 비슷하다는 이유만으로 작은 트렁크 한 개만 들고 포츠

머스로 가 개업을 했다. 포츠머스에서의 새로운 출발은 그에게 의
사로서도 작가로서도 중요한 분기점이 되었다.

도일의 숨은 걸작, 『J. 하버쿡 젭슨의 진술』

도일에게는 자신이 쓴 열 소설 읽어 안 재미있는 작품이 없을지 모르지만, 애석하게도 셜록 홈스 시리즈만큼 흥미진진한 소설은 많지 않다. 그의 다른 작품이 궁금한 사람에게 첫 번째로 권하고 싶은 책은 『J. 하버쿡 젭슨의 진술』이라는 단편집이다. 이 단편집은 도일의 공포소설을 묶은 것으로, 홈스 소설 이전 그가 가장 호평을 받았던 「J. 하버쿡 젭슨의 진술」을 표제작으로 한다. 이 밖에 앞서 살펴본 「북극성호의 선장」과, 「가죽 깔때기」 「경매품 249호」가 수록되었는데, 도일 생전에는 각기 다른 단편집들에 실려 있었다.

「J. 하버쿡 젭슨의 진술」은 유령선에 얽힌 이야기다. 1873년 12월, 영국 선박인 데이그라티아호가 북위 38도 40분, 서경 17도 15분에서 마리셀레스트호를 인계해 지브롤터로 들어왔다는 설명으로 이야기가 시작된다. 마리셀레스트호라고 명명된 배는 실재했는데, 승선한 일가족을 포함한 승무원 열 명 전원이 감쪽같이 사라진 채 발견된 유령선이었다. 배 위에서 폭력 사건이 벌어진 흔적도 사라진 화물도 없었는데 사람들만 없어진 상황이었다. 도일은 이 사건을 소설로 재구성해 자신만의 해답을 내놓았다. 제목에 등장하는 J. 하버쿡 젭슨은 배에 탑승한 승객으로, 브루클린 출신의 폐결핵 전문가다. 그는 사건으로부터 10여 년이 지난 뒤에 자신이 겪은 일을 써 내려가는데, 사건 당시 작성했던 일지를 통해 동승한 승객 셉티미어스 고링의 수상쩍은 행동을 전한다. 배 위에서 선장의 아내와 어린 아들이 사라진 것이 사건의 시작이었다. 배 위에서 사람이 감쪽같이 사라졌다고? 상심한 선장은 자살하고 만다. 고링은 20여 년간 벌어진 살인 사건을 스크랩한 책자를 가지고 있었다. 대체 무슨 일이 벌어지는 것일까. 소설은 유령선에 대한 으스스한 이야기처럼 시작하지만 지금의 우리에게 이 삭품은 영국 소실가 조지프 콘래드의 『어둠의 심연』을 떠올리게 하는 면이 있다. 당시 「J. 하버쿡 젭슨의 진술」의 인기로 메리셀레스트호(실제 사건의 배 이름) 사건이 재조명될 정도였다.

「가죽 깔때기」역시 실화를 바탕으로 하며, 같은 사건을 모티프로 한 카의 『화형 법정』역시 추리소설사에 남을 걸작이다. 「가죽 깔때기」라는 제목에 걸맞게 이 이야기에는 와인 통을 채우는 데 쓸 법한 커다란 깔때기가 하나 등장한다. 친구의 서재에서 그 깔때기를 보게 된 주인공은 깔때기가 목재가 아닌 가죽으로 만들어진 것임을 알아챈다. 그리고 그 깔때기에는 B라는 글자가 새겨져 있다. 주인공은 그 깔때기를 머리맡에 두고 잠들었는데, 한 여자가 고문당하는 꿈을 꾼다. 이 꿈에 등장하는 브랭빌리에 후작 부인은 17세기 프랑스에서 악명을 떨친 독살범이다. 브랭빌리에는 아버지와 두 오빠를 독살한 혐의로 1676년 파리에서 참수형을 당했는데, 유죄의 근거는 먼저 사망한 브랭빌리에의 정부가 남긴 편지였다. 브랭빌리에가 범행을 부인하자 목이 뒤로 넘어가게 눕힌 뒤 이 이야기에 등장하는 거대한 깔때기를 이용해 7리터가 넘는 물을 입에 붓는 고문을 통해 자백을 받아냈다. 브랭빌리에의 독살 사건이 충격적이었던 것에 못지않게 자백을 끌어내기 위한 고문 역시 당시 대중의 선정적인 호기심을 자극했다. 도일의 소설을 읽다 보면 소재 선정에서 마무리까지 선정적인 호기심에서 그리 멀리 있지 않음을 알 수 있다.

「경매품 249호」는 미라가 등장하는 공포소설이다. 이집트에 대한 유럽인들의 관심이 치솟던 시기에 쓰인 이 소설은 초자연적인 공포를 다룬다. '경매품 249호'는 문자를 새긴 외부 석관이 유실된 미라를 부르는 이름으로, 경매에 붙여졌을 때의 번호. 그리고 그 경매품을 손에 넣은 남자의 방에서는 이상한 소리가 들려온다. 그것은 누가 낸 소리였을까. 이 단편소설은 몇 번 영상화되었는데, 되살아난 미라의 공포를 다룬 후대 작품들에 영향을 주었다고 알려졌다. 미국의 소설가 앤 라이스는 「경매품 249호」가 자신의 『미라 람세스』에 영감이 되었다고 고백하며 이 소설을 도일에게 헌정했다.

『J. 하버쿡 젭슨의 진술』에 실린 삽화

03

·ARTHUR CONAN DOYLE

영국을 휩쓴
셜록 홈스 신드롬

포츠머스에서 시작된 새로운 삶

포츠머스는 영국 남부에 있는 항구도시로, 수 세기 동안 대영제국의 해군기지가 있었던 해군의 요람이며, 견고한 요새, 산업혁명의 발상지, 철도와 항만을 갖춘 교통의 요지로 알려진 곳이다. 소설가 디킨스의 고향이기도 한 이곳에 도착했을 때, 내가 찾아간 곳은 번화가와는 거리가 있었다. 도일이 처음으로 병원을 개업했다는 곳을 찾아갔다. 엘름그로브의 부시빌라 1번지. 지금은 이 주소지를 찾을 수 없다. 부시빌라 옆면에 홈스의 얼굴이 있는 기념 플래크가 있다고 한다. 나는 이 근처를 헤매기만 하고 정작 플래크는 발견하지 못했다.

1882년 여름 포츠머스에 도착한 도일에게는 할 일도 살 곳도 없었고, 그가 가진 돈이라고는 10파운드가 고작이었다. 실링 단위가 아닌 펜스 단위로 물건을 들이는 검소한 쇼핑도 청소나 집안일도 할 만했다. 도일은 하루에 1실링으로 사는 일의 전문가가 되는 중이었다. 와중에 그는 새로운 시작에 꽤 고무되어 있었다. "처음 자신의 집을 갖는다는 것은, 그것이 제아무리 초라한 집이라 할지라도 멋진 일이다."(『아서 코난 도일 자서전』, 89쪽) 그가 사는 곳보다 중요하게 여긴 것은 환자를 맞을 앞쪽 방을 정돈하는 것이었다. 그는 집세로 남겨둔 돈에 손을 대지 않고 어떻게든 버티기 위해 노력했다. 환자는 많지 않았고, 도일이 포츠머스에 적응할 시간은 충분했다. 그야말로 포츠머스에 몸을 던졌다고 할 수도 있으리라. 도일은 포츠머스문학과학협회에 가입해 여러 번 연사로 나섰고, 크리켓 팀에도 들어갔으며, 지금은 포츠머스풋볼클럽이라고 불리는 팀의 주전 골키퍼로 활약했다.

포츠머스 시기는 후일 도일 삶에서 일어난 많은 일들의 씨앗이 되었다. 반스는 『용감한 형제들』에 이 시기의 그가 프리메이슨에 가입했고, 제257피닉스 지부의 회원이 되었다고 써놓았다. 또한 그레셤생명보험사는 그를 건강진단 담당의로 고용했다. 가난한 살림이었지만 순회도서관 회원으로 가입한 덕분에 도일은 여전히 책과 가까운 곳에서 생활할 수 있었다. 하지만 집에는 이야기 상대가 없었다. 에든버러에서 가족들과 북적이며 지냈던 것과는 정반대였다. 그래서 열 살이던 남동생 이네스를 불러 같이 살았다. 이네스는 포츠머스의 군인이 되고자 했고 그렇게 되었다. 도일은 자서전에 이 시기를 회고한 뒤 이렇게 덧붙였다. "이네스가 온갖 전쟁에 나가서 공적을 세웠으나 생의 전성기를 맞이한 지 얼마 지나지 않아서 세상을 떠나리라고는 전혀 예상하지 못했다."(『아서 코난 도일 자서전』, 92쪽)

점점 환자들이 늘기 시작했다. 동생과의 생활도 자리를 잡았고, 집안일을 해줄 사람도 구했다. 첫해에는 154파운드를 벌었고, 이듬

포츠머스

잉글랜드 남부에 있는 항구도시로, 해군기지로 번영을 누려왔다. 제2차 세계대전 때 군사적 요충지였던 까닭에 독일군의 집중적인 공격을 받아 대부분의 지역이 파괴되었다. 버드와의 불화로 플리머스를 떠난 도일은 이곳에 자리 잡았다.

해에는 250파운드를 벌었으며 해마다 수입이 꾸준히 늘어 800파운드까지 벌 수 있었으나 그 이상으로는 소득이 늘지 않았다. 개업 첫해에 소득세 신고 용지를 받고 그럴 의무가 없음을 자세히 써서 보냈더니 '매우 불만'이라는 답이 왔다. 도일은 그 글 아래에 '지극히 동감'이라고 써서 보냈다. 이런 편지가 몇 번 오가다 결국 직접 담당 공무원을 찾아갔는데, 정말로 신고할 내역이 없음이 확인되자 서로 깍듯하게 인사를 하고 헤어졌다는 이야기가 전해진다. 도일은 밤이 되면 문에 붙은 황동 명판을 닦아 윤을 냈다. 자신이 직업 명판을 닦는 것을 이웃과 환자 들이 보지 못하게 하려는 이유였다.

1885년, 이네스가 요크셔에 있는 학교로 진학하면서 집을 떠났고, 얼마 뒤 도일은 결혼했다. 그 결혼도 어느 환자로부터 시작된 일이었다. 어느 날 의사인 랭데일 파이크가 도일에게 자신의 환자에 대한 2차 소견을 물었다. 남편과 사별한 호킨스 부인에게는 아들과 딸이 있었는데, 도일보다 한 달 먼저 태어난 그녀의 아들이 뇌막염 증상을 보였다. 손을 쓸 수 없을 만큼 상황이 나빴기에 그를 받아주려는 병원이 없었다. 워낙 위급한 상황이어서 도일이 방 하나를 내주고 직접 그를 돌보았지만 결국 세상을 떠나고 말았다.

얼마 뒤 망자의 누이 루이자 호킨스와 도일은 데이트를 시작했고 1885년 8월 6일, 스물여섯 살 도일은 스물여덟 살 루이자와 요크셔 외곽인 손턴인론스데일의 성오스월드교회에서 결혼식을 올렸다. 결혼은 그에게 또 다른 전환점이 되었다. 북극이든 아프리카든 배를 타고 언제든지 떠날 수 있다는 생각이 사라진 것이다.

포츠머스시 홈페이지에는 도일의 포츠머스 거주 시기에 대해 이

CLASSIC CLOUD

내 인생의 거장을 만나는 특별한 여행

클래식 클라우드

arte

런던, 파리, 프라하, 빈, 피렌체, 리스본, 도쿄……

12개국 154개 도시!

우리 시대 대표 작가 100인이 내 인생의 거장을 찾아 떠나다

한 사람을 깊이 여행하는 즐거움,
클래식 클라우드!

001 셰익스피어 | 004 페소아 | 005 푸치니 | 006 헤밍웨이

008 뭉크 | 009 아리스토텔레스 | 010 가와바타 야스나리

011 마키아벨리 | 012 피츠제럴드 | 013 레이먼드 카버

019 단테 × 박상진

내세에서 현세로, 궁극의 구원을 향한 여행

최후의 중세 시인인 동시에 최초의 근대 시인인 단테
『신곡』으로 호메로스, 셰익스피어, 괴테와 함께
세계 4대 시성으로 불리는 그를 찾아가는 문학 기행

020 코넌 도일 × 이다혜

셜록 홈스를 창조한 추리소설의 선구자

홈스의 흔적이 살아 숨 쉬는 런던에서부터
위대한 이야기의 창조자 도일의 세계가 탄생한 에든버러까지
소설과 현실의 풍경이 맞물린 영국으로 떠나는 문학 기행

각 권 18,800원

슬픔이여 안녕

"나는 두 눈을 감은 채 이름을 불러
그것을 맞으며 인사를 건넨다. 슬픔이여 안녕."

'매혹적인 작은 괴물' 프랑수아즈 사강의 대표작
천재 작가의 등장을 알린 20세기 최고의 베스트셀러

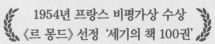

1954년 프랑스 비평가상 수상
《르 몽드》 선정 '세기의 책 100권'

"모든 문장이 파괴적이다. 이렇게 강렬했던가?"
— 이다혜(작가, 《씨네21》 기자)

프랑수아즈 사강 | 김남주 옮김
15,000원

당신에게도 깊이 알고 싶은 사람이 있나요?

책에서 여행으로, 여행에서 책으로
한 사람과 그의 세계를 깊이 여행하게 될 때,
우리의 삶은 어떻게 달라질까요?

'클래식 클라우드'는 아무도 제기하지 않았던 질문에서 출발합니다.
수백 년간 우리 곁에 존재하며 '클래식'으로 남은 세계적 명작들,
누구나 알지만 아무도 제대로 읽지 않는 작품들에 좀 더 쉽게 다가가 지금 여기,
우리의 눈으로 공감하며 체험할 수는 없을까.

'클래식 클라우드'는 명작의 명성보다 '한 사람'에 주목합니다.
위대한 작품 너머 한 인간이 삶을 걸었던 문제를 먼저 생각하고자 합니다.
명작의 가치를 알아보는 일은 한 창작자가 세상을 바라보았던 시각,
언제, 어디에서, 무엇을 위해, 어떻게 살았는지를 배우는 일이기 때문입니다.

'클래식 클라우드'는 100%의 독서를 지향합니다.
우리가 가장 알고 싶어 하는 거장의 삶과 명작이 탄생한 곳으로 떠나는
특별한 여행 수업에 믿음직한 안내자가 함께한다면?
작품에 숨겨진 의도와 시대적 맥락까지 이해할 수 있는 완전한 독서!

'클래식 클라우드'는 우리 시대 새로운 거장들을 기다립니다.
누구보다 뛰어났던 거장들의 놀라운 작품들을 만나고,
삶을 뒤바꾼 질문과 모험을 경험하며 시공간을 초월해 오늘 우리의 고민을
다시 바라보게 할 실마리들을 찾아봅니다. 천재들의 영감을 '나의 여행'으로 만나는
시간들이 우리 일상 가까이 작은 거장들의 탄생으로 이어지기를 기대합니다.

렇게 나와 있다. "이곳을 떠날 무렵 도일은 포츠머스의 많은 시민들에게는 훌륭한 친구였고, 활동적인 운동선수였으며, 성공적이고 귀중한 의사였다. 그는 이곳에서 심령술을 알게 되었고, 아버지가 되었으며, 세계에서 가장 유명한 문학적 인물 중 하나를 창조했다."

심령술이라니?! 앞서 이야기한 것처럼 도일은 스토니허스트 시절에 종교에 대해 회의적인 마음을 품게 뇌었다. 하지만 기존의 종교에 회의적이 된다는 것과 심령술에 빠지는 것은 다른 문제였다. 그는 과학자였고, 관찰한 결과를 신뢰하는 사람이었다. 매주 화요일에 열리던 포츠머스문학과학협회에서 도일은 도시에서 가장 형이상학적인 사람들을 만날 수 있었고, 그들은 텔레파시에 대해 이야기하기 시작했다. 서로를 볼 수 없는 상태라 해도 송신자와 수신자 사이에 자연적 공감이 생겨난다면 어떤 이미지나 메시지를 전달할 수 있을까?

실험이 이어졌다. 도일과 루이자는 강령회에 참석하기 시작했다. 강령회 혹은 교령회는 영매의 개입으로 망자와 소통을 하는 모임을 뜻한다. 천문학자이자 심령술 선구자인 앨프리드 윌크스 드레이슨 장군도 강령회의 멤버였다. 그들은 당시 발행되던 《등불》이라는 심령술 잡지에 나온 대로 의식을 행했고, 드레이슨 장군의 집에서 열린 강령회에 참석한 나이 든 심령술사의 말에 도일은 텔레파시가 작동하며 심령술을 믿을 만하다는 데 설득된다. 그러니까 그는 홈스처럼 관찰과 실험을 우선시하고 그 결과가 아무리 이상해 보일지라도 받아들여야 한다고 생각했다. 심령술에 대한 이야기는 뒤에서 자세히 하기로 하고, 소설가 도일의 이야기로 다시 돌아가자.

소설가의 길을 걷기 시작하다

결혼 전까지 도일은 단편소설을 꽤 팔았다. 한 편당 평균 4파운드의 고료를 받았고, 그의 작품들은 《런던 소사이어티》《올 더 이어 라운드》《템플 바》를 비롯한 잡지에 실렸다. 그렇게 얻은 수입이 1년에 10파운드에서 15파운드 정도였는데, 경제적인 도움이 된다고 하기에는 적은 액수였다. 그는 꾸준히 노트에 메모를 했다. 결혼은 그에게 안정적인 삶과 소설에 대한 상상력, 표현력의 향상을 가져다주었다. 그중 《콘힐》에 실린 「J. 하버쿡 젭슨의 진술」은 도일에게 성취의 기쁨을 안겨주었다. 제법 좋은 평을 받기도 했지만 그 스스로도 괜찮은 작가가 되었다고 생각하기 시작했다.

작가 이름을 밝히지 않는 《콘힐》의 게재 방식은 작가로서 이름을 알리기에는 도움이 되지 않았지만 혹사를 방지하는 데는 효과가 있어 도일에게는 제법 잘 맞았다. 《콘힐》의 편집자이자 작가인 제임스 페인은 워낙 악필이어서 도일은 그의 편지를 받고도 채택인지 거절인지 알기가 어려웠는데, 채택되는 경우보다 수록 거절이 늘 더 많았다. 하지만 그는 몇 편을 더 《콘힐》에 발표했고, 《블랙우즈》에는 헨리 제임스풍의 소설을 실었으며, 사소한 청탁도 마다하지 않고 글을 썼다.

결혼한 지 1년이 지났을 무렵 도일은 책등에 자신의 이름을 실을 수 있는 소설을 써야겠다고 마음먹었다. 그는 자신이 좋아했던 소설을, 주인공을 떠올렸다. 포의 탐정 뒤팽이라면 어떨까. 앞서 이야기했듯이 뒤팽은 도일의 영웅이었다. 하지만 뒤팽처럼 인상적인 인물을 만들어내는 일이 가능할까?

우선 도일은 손에 잡히는 범죄소설은 다 읽었다. 그가 읽은 탐정소설 중에는 사건이 우연히 해결되는 경우가 너무 많았다. 그는 에든버러대학 시절 교수였던 벨 박사를 떠올렸다. 독수리 같은 얼굴부터 사소한 것까지 알아내는 능력을, 벨 박사가 병동에서 매일 보여준 일을 탐정이 할 수 있다면. 벨 박사가 병을 다루었듯 탐정이 범죄를 다루게 하자. 과학이 중심에 있는 탐정소설을 써보자. 도일은 자신이 본령이라고 생각한 역사소설을 쓸 때보다 덜 갈등하고 덜 고민했다. 이제 캐릭터는 잡혔다.

그렇다면 그에게는 어떤 이름이 어울릴까. 도일은 오랫동안 썼던 노트를 펼쳤다. 거기에는 여러 이름 후보가 있었다. 인물의 이름을 통해 성격을 드러낼 수 있다고 생각한 그였기에 자신의 탐정에게 평범한 이름을 줄 수는 없었다. 자서전에서 그가 밝히기로는 "처음에는 샤프스 씨나 페러츠 씨로 할까도 생각했지만 셰린포드 홈즈로 결정했다가 마지막에 셜록 홈즈로 바꾸었다"(『아서 코난 도일 자서전』, 102쪽)라고 한다. 앞서 이야기한 것처럼 홈스는 하버드대학에서 해부학과 생리학을 가르치는 교수이자 시집을 여러 권 내 유명해진 사람이었다.

홈스의 뛰어난 추리력을 확실히 전달할 수 있는 방법을 고민하던 도일은 그에게 평범한 동료 한 사람을 붙여주기로 했다. 지금의 파키스탄 지역에서 소규모 전투에 참여하고 돌아온 퇴역 군의관 오몬드 새커. 아니, 됨됨이를 담은 이름이 가능할 것도 같았다. 왓슨처럼. 결국 매부리코 탐정, 헛발질을 잘하는 조수, 탐정에게 은밀하게 사건을 의뢰하지 않고는 문제를 해결하지 못하는 스코틀랜드야드의 형사들, 수수께끼 살인 사건으로 이야기가 완성되었다.

다른 소설을 열심히 읽고 써낸, 실제보다는 도일이 글로 배운 런던 생활에 밀착한 인물들이 탄생했다. 탐정과 그의 친구가 사는 곳은 런던의 명소가 될 예정이었지만, 도일에게는 이 모든 것이 아직 먼 미래의 일이었다.

처음 떠올린 작품의 제목은 '뒤얽힌 실타래'였다. 포의 소설을 염두에 두고 쓰던 중에는 제목이 나빠 보이지 않았지만 막상 완성하니 부족하게 느껴졌다. 제목은 곧 '주홍색 연구'로 바뀌었다. 그의 생각에 『주홍색 연구』는 좋은 작품이었으나 출판이 만만찮아 보였다. 여러 출판사를 전전하느라 시간을 다 써버린 소설 『거들스톤 상회』와 똑같은 상황이 펼쳐졌다. 《콘힐》의 페인은 『주홍색 연구』가 단편치고는 길지만 장편치고는 짧다면서도 좋은 평가를 해주었는데, 정작 원고는 받아주지 않았다. 원출판사나 애로스미스출판사도 마찬가지였다.

도일에게 답을 준 출판사는 워드로크라는 이름의, 당시 선정적인 책들을 출판하던 곳이었다. 그나마도 연내에는 출간이 어려우며 이듬해에 낼 수 있다면서 25파운드에 저작권을 사겠다고 했다. 결국 『주홍색 연구』는 완성되고도 1년이 지난 1887년 《비턴의 크리스마스 연감》에 게재되었다. 이 계약이 성사되던 즈음에 도일은 소설의 제목을 '주홍색 연구'로, 주인공들의 이름을 셜록 홈스와 존 H. 왓슨 박사로 확정 지었다. 《비턴의 크리스마스 연감》은 1실링에 살 수 있는 저렴한 문집이었는데, 크리스마스 선물용으로 양말에 넣기 딱 좋은 정도였다. 지금도 크리스마스 시즌에 영국 서점에 가면 크리스마스 이야기들이 크리스마스 분위기의 표지로 갈아입고 매대에 놓인 것을 쉽게 볼 수 있는데, 홈스 소설도 이 크리스마스 특선 매대에 있다. 단편만 따로 떼어내 판매하는데 어떤 작품인지 맞힐 수 있을는지? 바로 단편집 『셜록 홈즈의 모험』에 수록된 「푸른 카벙클」이다.

2008년 기증받은 중고 물품을 판매해 자선기금을 조성하는 단체인 옥스팜에 상태가 좋지 않은 《비턴의 크리스마스 연감》 한 권이 경매로 나왔다. 1만 8600파운드에 낙찰되었는데, 상태가 좋았다면 15만 달러를 웃돌았을 것이다. 하지만 이것은 2008년의 일이었고, 고작 25파운드만 받고 출판사에 저작권을 넘긴 도일은 『주홍색 연구』로 그 돈 외에는 단 한 푼도 받지 못했다. 영화화 과정에서 지급된 저작권료도, 쇄를 거듭하면서 발생한 수익도 모두 출판사의 것이었다. "그 책 덕분에 내 앞길을 개척할 기회를 얻었다고는 하지만, 그 출판사에는 조금도 감사할 필요가 없다고 생각한다"(『아서 코난 도일 자서전』, 104쪽)라는 도일의 말은 전혀 놀랍지 않다.

이때까지만 해도 도일은 자신의 미래가 홈스 때문에 그렇게까지 달라지리라는 것을 알지 못했다. 그가 모르는 것은 하나 더 있었다. 소설 속 무대인 런던에 대해서도 잘 몰랐다. 하지만 런던의 범죄에 대해서라면 기사를 통해 잘 알고 있었다. 《프레이저스》 같은 잡지는 런던의 "잘 조직된 새로운 범죄자 계층"에 대해 경고했다. 도일은 잡지나 신문의 사건 사고 기사를 보며 소설의 자극적인 무대로 런던의 어느 곳을 배경으로 해야 할지에 대한 영감을 얻었다.

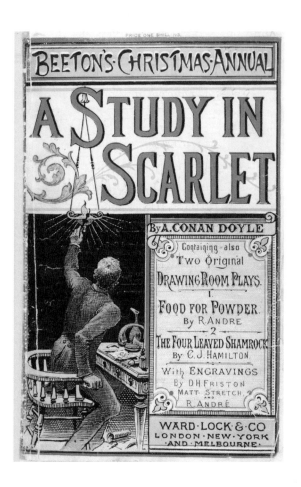

『주흥색 연구』가 실린 《비턴의 크리스마스 연감》

무명작가에 불과했던 도일에게 선뜻 책을 내주겠다는 출판사는 없었다. 결국 그는 다양한 작가의 작품들을 묶어 발간하던 《비턴의 크리스마스 연감》에 헐값으로 『주흥색 연구』를 넘긴다. 『주흥색 연구』가 오롯이 한 권의 책으로 출간된 것은 1888년이 되어서였다.

도일은 오랫동안 독자였던 역사소설을 쓰는 데도 관심이 있었다. 『마이카 클라크』를 1888년에 완성했지만 세상은 별 관심을 두지 않았고, 그가 존중했던 편집자 페인도 "역사소설 같은 데 시간을 허비하다니, 아까운 재능이 눈물을 흘릴 겁니다"(『아서 코난 도일 자서전』, 105쪽)라고 응답했을 뿐이다. 도일은 이번에도 온갖 거절의 편지들을 받아야 했다. 작가이자 기자였던 에드먼드 벤틀리는 "우리 의견에 의하면 소설의 가장 커다란 요소, 즉 재미가 결여되어 있습니다"(『아서 코난 도일 자서전』, 105쪽)라고 했고, 출판업자 앨저넌 블랙우드는 성공을 저해할 만한 결점이 있기에 출판할 생각이 없다고 답했다. 『거들스톤 상회』도 이때까지 출판할 곳을 찾지 못했다.

그러나 도일은 소설 쓰기와 출간에 관한 한 불굴의 의지를 가지고 있었고, 마침내 1889년 2월에 『마이카 클라크』를 출간할 수 있었으며 출간 이후에는 꾸준히 호평을 받았다. 이 시기에 영국 소설은 미국에서 제법 인기가 있었는데, 그 이유가 굉장하다. 당시 미국에서는 저작권이라는 개념이 없었기 때문에 사실상 공짜로 영국 소설을 들여와 팔 수 있었다. 영국 작가에게도 미국 작가에게도 힘든 시기였다. 하지만 결과적으로, 이후 저작권법이 미국에서 통과되자 도일은 미국 독자들에게 이미 친숙한 셜록 홈스 시리즈로 큰돈을 벌 수 있게 된다. 영국보다 미국에서 『주홍색 연구』가 인기를 끌었다. 생각해보면 미국은 포의 나라인 것이다. 불법 복제물이었으나 "훌륭한 탐정 이야기를 사랑하는 사람이라면 이 이야기를 최고라고 인정할 것이다"(《보스턴 홈 저널》)와 같은 호평도 미국에서 나왔다. 그래서 셜록 홈스 시리즈의 탄생은 두 번에 걸쳐 이야기해야 하는데, 첫 번째는 그야말로 시리즈의 첫 이야기가 되는(하지만 시리즈로 기획되지 않고 중편소설에 불과했던)『주홍색 연구』를 발표한 것이고, 두 번째는 1891년 여름《스트랜드》창간호를 통해 단편소설 「보헤미아 왕국 스캔들」을 세상에 내놓은 것이다. 이 사이를 잇는 역할을 한 것이 미국의 독자와 출판사 들이었다.

홈스의 인기 비결

1890년의 도일은 의사로서도 안정적으로 자리를 잡아갔다. 그는 결핵 치료법이 등장했다는 소식에 베를린에 다녀왔다가 아예 빈에서 공부를 더 해서 안과 전문의가 되려는 생각을 하게 되었다. 런던에서 안과의사로 개업하면 경제적으로 풍족한 동시에 소설을 쓸 수 있는 시간을 확보할 수 있으리라고 생각한 도일은 포츠머스를 떠나기로 결심했다. 도일과 루이자는 메리를 어머니에게 맡기고 빈으로 가 몇 달을 보낸 뒤 1891년 3월 24일 런던에 도착했다.

도일은 몬터규플레이스에 가족과 함께 지낼 방을 얻은 뒤 안과를 개업할 후보지를 둘러보았다. 윔폴스트리트에서 원하던 곳을 찾을 수 있었는데, 1년에 120파운드를 내고 데번셔플레이스 2번지의 거실 전부와 대기실을 쓰기로 했다. 유명한 안과의사들이 자리 잡은 곳 근처여야 다른 의사의 소개로 온 환자들을 받기가 수월하리라는 생각에 잡은 장소였다. 터전을 옮기는 문제로 분주했지만, 그는 홈스를 잊고 있지 않았다. 그즈음 도일은 일기에 이렇게 적었다. "A. P.

와트에게 「보헤미아 왕국 스캔들」을 보냄." 이즈음 도일은 출판사와의 일을 대행하는 에이전트 와트와 일하기 시작했다. 계약과 관련한 돈 문제를 전담하는 사람이 생기자 도일은 좀 더 소설에 집중할 수 있었다.

영국박물관에는 출입구가 여럿 있는데 그중 하나가 몬터규플레이스 출입구다. 정문이라 할 수 있는 곳은 그레이트러셀스트리트 쪽으로 난 열두 개의 계단이 있는 곳인데, 몬터규플레이스 출입구는 계단 없이 지상 층과 통해 있다. 이 정보가 왜 중요하냐면, 몬터규플레이스는 도일이 런던에서 처음으로 자리 잡은 지역인 동시에 홈스가 한때 살았던 곳으로 지목한 장소이기 때문이다. 홈스는 베이커스트리트에 가기 전 살던 곳으로 영국박물관 근처를 지목하기도 했다. 몬터규플레이스에는 셜록홈스박물관도 그 무엇도 없지만, 이 인근의 건물들을 살펴보면 블루 플래크가 없는 곳을 찾아보기 어렵다. 그래서 왜인지, 나는 또 홈스가 실존 인물이라도 되는 양 혹시 거기 어디에 홈스의 이름이 적힌 플래크가 있을 것만 같아서 오랫동안 근방을 뱅글뱅글 돌았다.

다행스럽게도 몬터규플레이스 인근의 타운하우스들은 조지 왕조 시대에 지어진 이후 크게 변하지 않았다. 셜로키언들 중에는 홈스 시대의 런던과 지금의 런던이 너무나 많이 달라졌다고 한탄하는 이들도 있다지만, 런던은 셜록 홈스 소설 속 지명들과 동선이 비슷한 부분이 더 많다. 정말이지 도일은 왜 이렇게 정확하게 지명을 적어둔 것일까? 읽는 입장에서는 지명이 계속 나올 때마다 찾아보게 되고, 런던의 거리들에서는 종종 홈스와 왓슨의 그림자가 읽히는 기분이 든다. 이러니 당대의 런던 시민들은 어땠을까. 19세기 말 《스트랜드》에 새로운 셜록 홈스 이야기가 실렸는데 우리 동네가 언급되었다면, 베이커스트리트 221B번지로 의뢰를 요청하는 편지를 보낸 사람들을 이해 못 할 것도 없다.

도일은 몬터규플레이스의 집에서 약 2킬로미터 거리에 있는 병원까지 걸어서 출퇴근했다. 셜록 홈스 소설에도 등장하는 장소들을 매일 오갔다는 점을 감안하면, 도일의 머릿속에서 그의 탐정도 함께 길 구석구석을 탐색하고 있었음에 틀림없다. 더 환상적인 일은 열 시부터 서너 시까지 앉아 있어도 오로지 정적만이 그와 함께했다는 데 있었다. 환자가 없었다. 덕분에 그는 티타임에는 원고 뭉치를 들고 집으로 돌아갈 수 있었다.

이 시기에는 새로운 월간지들이 여럿 창간되었다. 도일은 허버트 그리너 스미스가 편집을 맡은 《스트랜드》에 주목했다. 도일은 시리즈이면서 독립적인 이야기를 구상했다. 애초에 『주홍색 연구』를 시리즈로 염두에 두지 않았으니 어려울 것도 없었다. 시리즈가 아니면서 시리즈가 되게 하려면 작품들이 연결되어 있으면서도 독립적이어야 했다. 다음 이야기가 기다려지게 하면서도 앞 작품을 읽지 않더라도 새 작품을 읽는 데 어려움이 없어야 했다. 동일한 등장인물이 나오는 시리즈이면서 각 이야기 안에서 완결되는 시리즈라면 어떨까. 도일은 자신이 생각한 소설의 형식이 《스트랜드》와 잘 어울리리라 생각했다. 한 번의 게재로 이야기가 완결되면 독자는 언제라도 그 잡지를 충분히 즐길 수 있다. 이전 호나 다음 호가 없어도 되지만, 오히려 그렇기 때문에 매 호가 가치를 지닌다. 이러한 형식

지금의 셜록 홈스를 만든 《스트랜드》

스트랜드는 런던의 거리 이름이기도 한데, 《스트랜드》는 스트랜드스트리트에서 약간 떨어진 사우샘프턴스드리트에 사무실을 두고 있었다. 여든 살에 세상을 떠난 스미스가 40년간 《스트랜드》를 이끌었으며 창간호에 도일에 대한 기사를 실었다. 그가 홈스의 스타덤에 한몫했음은 말할 나위가 없다. 한편 1927년에 《스트랜드》는 도일이 좋아하는 홈스 이야기를 맞혀보라는 글을 실었다. 이후 도일은 "나는 어떻게 내 베스트 목록을 만들었는가"라는 글을 《스트랜드》에 실었다. 「사자의 갈기」「거물급 의뢰인」을 비롯해, 독창적인 플롯 면에서 뛰어났다고 평한 「얼룩 띠의 비밀」「빨간 머리 연맹」「춤추는 사람 그림」에 이어 다음의 작품들이 언급되었다. 「마지막 사건」「보헤미아 왕국 스캔들」「빈집의 모험」「다섯 개의 오렌지 씨앗」「프라이어리 학교」「두 번째 얼룩」「악마의 발」「머즈그레이브 전례문」「라이기트의 수수께끼」.

데이비드 헨리 프리스턴이 그린 홈스(1887)와 패짓이 그린 홈스(1904)

왼쪽은 『주홍색 연구』에 실린 프리스턴의 삽화로, 왼쪽에서부터 왓슨, 홈스, 레스트레이드 경감, 그렉슨 경위다. 오른쪽은 패짓이 그린 홈스 삽화로, 그는 홈스의 대중적 이미지를 구축하는 데 큰 역할을 했다.

과 잘 어울리는 주인공이 홈스였고, 연속 단편에서 충분히 활약이 가능해 보였다.

환자는 여전히 없었다. 덕분에 도일은 소설에 더 집중할 수 있었다. 1891년 6월 25일《스트랜드》창간호가 가판대에 놓였다. 출판사에서는 창간호만 30만 부를 발행했다. 거의 모든 페이지에 사진과 함께 가볍게 읽기 좋은 소설이 실렸다. 후일 단편집 『셜록 홈즈의 모험』에 실리는 「보헤미아 왕국 스캔들」과 「빨간 머리 연맹」은 각각 1891년《스트랜드》창간호와 그다음 호에 실렸다. 편집자 스미스는 도일이 포 이후에 최고의 단편소설 작가라고 믿었으며, 심지어 도일의 필체도 좋아했다고 한다. 스미스는 도일과 한 편당 35파운드에 여섯 편의 소설을 계약했다.

무엇보다도 홈스의 이미지를 전 세계에 굳히게 만드는 패짓의 삽화가 이때 등장했다. 사실은 『주홍색 연구』에도 홈스 삽화가 있었다. 하지만 패짓의 삽화와 비교하면 인상적이지 않다. 날카로운 인상이라기보다는 평범하고 어수선하다고 해야 하나. 패짓은 매부리코와 마른 몸, 세련된 옷차림을 홈스의 특징으로 부여했다. 홈스 스타일이라고 부를 만한 것이 있다면(홈스의 이름을 듣자마자 당신이 떠올릴 수 있는 옷차림부터 얼굴 생김새, 몸의 뉘앙스까지) 그것은 도일만큼이나 패짓의 것이었다. 도일의 상상 속 홈스와는 다소 다른 모습이었던 패짓의 그림에는 모델이 있었는데, 그의 동생이었다고 한다. 패짓의 삽화와 더불어 소설이 인기를 끌면서 이후 드라마나 영화, 연극으로 재탄생될 때마다 홈스의 외양은 패짓의 해석에 더욱 가깝게 강화되었다. 그렇게 홈스는 성공할 수 있는 완벽한 조건을 갖추게 되었다. 대중의 주목을 받는 새로운 스타일의 잡지와 그에 어울리는 이야기, 캐릭터에 생생한 생명력을 불어넣은 삽화. 소문은 즉시 퍼졌다. 도일의 이름이면《스트랜드》는 10만 부는 거뜬히 더 찍을 수 있었다. 1891년, 홈스의 인기는 즉각적이었다.

런던의 독자들 대부분이 1891년《스트랜드》에 실린 「보헤미아 왕국 스캔들」로 홈스를 만났다. 이 소설의 도입부는 독자를 끌어들이는 완벽한 기계처럼 작동한다. 첫 문장부터 앞으로 일어날 일을 계속해서 궁금하게 만든다. 왓슨은 서술의 신이다. "셜록 홈즈에게 그녀는 항상 '그 여자'이다. 그가 그녀를 다른 호칭으로 부르는 일은 좀체 없다. 그의 눈에 그녀는 그 어떤 여성보다도 우월하고 빛났다. 홈즈가 아이린 애들러에게 어떤 연정 비슷한 것을 느꼈다는 얘기는 결코 아니다. 홈즈의 냉정하고 치밀하면서 놀랍도록 균형 잡힌 정신에게 모든 감정, 특히 연애 감정이란 혐오스러운 것이었다."(「보헤미아 왕국 스캔들」,『셜록 홈즈의 모험』, 백영미 옮김, 황금가지, 9쪽)

그리고 대뜸 왓슨은 자신이 결혼한 이후 홈스와 자주 만나지 못했음을 이야기한 뒤, 베이커스트리트의 하숙집에 남은 그가 고서적 더미나 코카인이 주는 환각 상태에 빠져 있다고 말한다. 경찰이 포기한 미해결 사건을 해결했다는 둥, 러시아 오데사의 트레포프 살인 사건을 해결했다는 둥, 네덜란드 왕가를 위해 미묘한 임무를 성공적으로 수행했다는 둥 하며 왓슨은 홈스에 대해 독자가 궁금해하도록 연기를 피운다. 그리고 그들이 함께 해결한『주홍색 연구』의 사건을 슬쩍 언급한다. 왓슨이 마침내 홈스와 마주했을 때 오가는 대화는 또 어떤가. 이 소설에는 불필요한 부분이 없다. 다시 한번 말하지만 오차 없는 기계처럼 문장들이 작동해 독자를 끌고 들어간다. 왓슨이 마침내 홈스와 마주했을 때, 왓슨은 다짜고짜 결혼하더니 살이 쪘다는 말을 듣게 된다. 그리고 홈스는 왓슨의 개업 소식을 포함해 그의 근황과 관련한 사실을 맞히기 시작한다. 왓슨은 어리둥절해하고, 독자들 역시 같은 상태가 된다.

"나는 눈으로 보고, 머리로 추론하지. 나는 자네가 최근에 비를 흠뻑 맞은 적이 있고 말할 수 없이 서투르고 부주의한 하녀를 두고 있다는 사실도 알고 있네. (…)"

"여보게 홈즈, 정말 굉장하군. 자네는 몇 세기 전에 태어났다면 틀림없이 마녀로 몰려 화형당했을 걸세. 내가 지난 목요일에 시골길을 걷다가 비를 잔뜩 맞고 집에 온 적이 있는 건 사실이야. 하지만 옷을 갈아입었기 때문에 자네가 어떻게 그걸 추리해냈는지 전혀 상상이 안 가는군. 또 메리 제인으로 말할 것 같으면, 그 애는 구제 불능일세. 아내는 그 애를 내보내겠다고 하더군. 하지만 자네가 그 애에 관해서 어떻게 알았는지 도무지 모르겠구먼."

홈즈는 빙글거리며 길고 신경질적인 손을 마주 비볐다.

"그건 아주 간단한 일이지. 내 눈에는 자네 왼쪽 구두 밑창의 가장자리가 여섯 군데나 나란히 긁혀 있는 것이 보이네. 그건 분명히 누군가 신발 밑창에 달라붙은 진흙을 떼기 위해 함부로 긁어대서 생긴 자국이지. 그걸 보고 자네가 궂은 날씨에 밖에 나가 돌아다녔다는 것과, 신발을 망쳐놓기 일쑤인 형편없는 런던의 하녀를 데리고 있다는 사실을 추리해냈지. 자네가 다시 개업했다는 건 멍청이가 아니라면 모를 수가 없네. 방에 요오드포름 냄새를 풍기며 들어온 신사가, 오른쪽 검지에는 시커먼 질산은 자국이 묻어 있고 중산모 오른쪽이 불룩 튀어나와 청진기가 그 속에 감춰져 있다는 것을 드러내고 있는데, 그가 현역 의사가 아니면 뭐겠는가."

홈즈의 설명을 듣다 보니 그의 논리가 하도 쉬워서 웃음을 터뜨릴 수밖에 없었다.

—「보헤미아 왕국 스캔들」,『셜록 홈즈의 모험』, 12~13쪽

그뿐 아니라 이 짧은 소설의 촘촘한 도입부에서 우리는 하숙집 거실의 분위기가 어떤지 바로 알 수 있다. 홈즈는 대체로 권태로워하며, 때로는 우울한 인상마저 풍긴다. 생각에 잠긴 홈즈를 왓슨이 바라볼 때면 그의 머릿속 생각이 궁금해지는 것을 참을 수 없다. "램프의 어둑한 빛 속에서 나는 거기 앉아 있는 그를 보았다. 오래된 브라이어 파이프를 입에 물고, 눈은 천장 구석에 멍하니 고정시키고, 푸른색 연기가 그의 위로 둥글 떠 있었다. 그는 조용하고 움직임이 없었다. 매부리코의 강인한 이목구비는 빛나고 있었다."(『위대한 탐정 셜록 홈즈』, 141~142쪽) 하지만 그것이야말로 태풍의 전조다. 창밖에서 마차의 말발굽 소리가 멈추고, 초인종을 누르는 소리가 들리면……

도일 병원에 쉴 새 없이 초인종이 울렸다면, 그래서 큰돈을 벌었다면 홈즈를 비롯한 몇몇 캐릭터는 빛을 보지 못했을 수 있다. 혹은 더 늦게 태어났거나. 도일의 런던 시절은 환자가 없어 소설을 쓰고, 소설이 잘되자 의사 일을 그만두는 방향으로 흘러갔다. 도일은 자

서전에서 1891년 여름의 일을 적었다. 당시 그는 악성 인플루엔자로 인한 발작 증세로 생명이 위독한 상태였다. 고비를 넘긴 그는 3년 전 동생 애넷이 포르투갈 리스본에서 일해서 번 돈을 가족에게 보내며 희생하다 세상을 떠난 일을 기억해냈다. 그리고 왜 런던의 중심가에서 오지도 않는 환자를 기다리며 지내는지 자문했다. 더는 직업에 얽매이지 말고 글을 쓰며 원하는 곳에서 살기로 결심하곤 사우스노우드의 테니슨로드 12번지의 집으로 이사했다.

도일이 단편 한 편을 쓰는 데 일주일 이상 시간을 쓰는 일은 드물었다. 아침을 먹은 뒤 점심을 먹을 때까지, 그리고 저녁 5시부터 8시까지 하루 평균 3000 단어꼴로 글을 썼다. 산책, 크리켓, 자전거, 테니스 같은 신체 활동 중에 이야기가 떠오르곤 했다. 책에 집중하고 있을 때는 하루 종일이라도 일할 수 있었다. 일주일 동안 4만 단어 분량의 팸플릿을 두 개 쓴 적도 있었다. 분노가 동력이었다고는 해도 대단한 속도다.

1891년 7월부터 1892년 6월까지 매달 한 편의 홈스 소설이《스트랜드》를 통해 독자와 만났다. 스물네 번째 셜록 홈스 단편이자 홈스가 죽음을 맞은 「마지막 사건」이 1893년 12월에 공개되었다는 점을 감안하면, 도일이 얼마나 쉬지 않고 홈스 이야기를 썼는지 알 수 있다. 도일의 수첩에 따르면 "4월 3일 첫 번째 원고(「보헤미아 왕국 스캔들」)가⋯⋯ 대리인에게 발송되었다. 4월 10일 「신랑의 정체」를 완성했다. 4월 20일 「빨간 머리 연맹」 원고를 부친 뒤, 「보스콤 계곡 사건」을 4월 27일 끝냈다"(마이클 더다, 『코난 도일을 읽는 밤』, 김용언 옮김, 을유문화사, 125쪽)라고 한다. 도일은 빨리 쓸 뿐 아니라 원고를 알

The Adventure of the Missing Three Quarters.

We were fairly accustomed to receive weird telegrams at Baker Street but I have a particular recollection of one which reached us on a gloomy February morning some seven or eight years ago and gave Mr. Sherlock Holmes a puzzled quarter of an hour. It was addressed to him and ran thus

"Please await me, Terrible misfortune, Right wing three quarter, indispensable, missing, indispensable tomorrow. Overton"

"Strand post mark and dispatched 10 9.36" said Holmes, reading it over and over. " Mr. Overton was evidently considerably excited when he sent it and somewhat incoherent in consequence. Well, well, he will be here I dare say by the time I have looked through the Times and then we shall know all about it. Even the most insignificant problem would be welcome in these stagnant times."

Things had indeed been very slow with us, and I had learned to dread such periods of inaction for I knew by experience that my companion's brain was so abnormally active that it was dangerous to leave it without material upon which to work. For years I had gradually weaned him from that drug mania which had threatened once to check his remarkable career nature. Now I knew that under ordinary conditions he no longer craved for this artificial stimulus but I was well aware that the fiend was not dead but sleeping, and I have known that the sleep was a light one and the waking near when in periods of idleness I have seen the drawn look upon Holmes' ascetic face, and the brooding of his deep set and inscrutable eyes. Therefore I blessed Mr. Overton, whoever he might be, since he had come with his enigmatic message to break that dangerous calm which brought more peril to my friend than all the storms of his tempestuous life.

단편소설 「실종된 스리쿼터 백」의 원고

도일은 어린 시절부터 원고를 정서하는 습관을 들여놓았다. 덕분에 그의 원고는 한눈에 알아볼 수 있을 만큼 정리되어 있으며, 아이디어를 메모한 흔적이나 수정 자국도 거의 찾아볼 수 없다.

아보기 쉽게 깨끗하게 작성했다. 그래서 지금까지 남아 있는 그의 자필 원고들에는 아이디어를 메모한 흔적이나 수정 자국이 거의 없다.

도일은 1893년에 11월을 제외하고 1월부터 매달 한 편씩 홈스 단편을 썼다. 글쓰기에 집중하면서 그가 세운 기준은 자신이 할 수 있는 한 좋은 작품을 쓰겠다는 것이었다. 셜록 홈스 시리즈를 예로 들면, 단편이라 하더라도 장편으로 능히 쓰일 수 있을 법한 명쾌함과 독창성을 지녀야 한다고 생각했다. "내 스스로가 재미있다고 생각하는 것이 아니라면 절대 쓰지 않겠다고 결심했다. 그것이 다른 사람들이 재미를 느끼는 필요조건이라고 생각했기 때문이었다."(『아서 코난 도일 자서전』, 126~127쪽) 도일의 생각은 옳았다.

그가 재미를 느낀 이야기들에 대중도 반응했다. 성공적이다 못해 독자들은 홈스를 실존 인물로 여기기 시작했다. 독자들은 홈스에게 전달해달라며 도일에게 편지를 썼다. 독자들은 왓슨에게도 편지를 보내 홈스의 주소를 알려달라거나 홈스의 사인을 보내달라고 부탁했다. 종종 독자들은 도일에게 물었다. 당신은 홈스에 대해 묘사하는 것과 같은 능력을 가지고 있는가, 아니면 단지 왓슨에 지나지 않는가. 실제 사건을 해결하는 것과 자신이 만들어낸 문제를 스스로 풀어가는 사이에 큰 차이가 있음을 도일은 잘 알고 있었다. 그가 독자들로부터 가장 자주 받은 질문은 셜록 홈스 이야기를 집필하기 전에 결말을 완전히 생각하는지 여부였다.

도일의 설명은 이렇다. 아이디어의 착상이 선행되어야 함은 물론이다. 핵심 아이디어를 떠올리고 나면 그다음으로는 핵심을 숨기고 다른 설명을 가능하게 보이는 모든 요소에 방점을 찍어 강조한다. 독자들은 방점으로 시선을 돌리고, 홈스는 하나뿐인 답을 꿰뚫어 본다. 홈스는 진실로 가는 데 필요한 증명을 하나씩 해나간다. 추리는 때로 사건의 본질과 관계가 없어 보이는 순간에도 그 역할을 다하는데, 그것은 바로 독자들이 그의 능력에 강한 인상을 받는다는 사실이다. 종종 왓슨은 홈스가 해결했다는 사건들을 지나가듯 제목만 흘렸고, 도일은 독자들로부터 그 사건들에 대한 설명을 요구받았다. 단편 중에서 「두 번째 얼룩」은 제목으로만 존재하다가 정말 소설로 쓰인 경우였다. 포를 좋아했던 도일은 좋은 글의 세 가지 조건을 이렇게 말했다. 쉽게 이해할 수 있을 것, 재미있을 것, 영리할 것. 마치 도일이 셜록 홈스 시리즈로 인기를 끈 비결을 요약한 것 같지 않은가?

미국추리작가협회에서 펴낸 『미스터리를 쓰는 방법』에는 시리즈물 챕터에서 도일과 홈스 이야기를 소개하며, 가상 인물인 에르퀼 푸아로나 제인 마플보다 널리 알려진 크리스티와 달리 홈스는 도일과 인기와 유명세 면에서 비교할 수 없고 이 지구상의 그 어떤 탐정이나 허구적 인물보다도 유명하다고 밝히며 이런 말을 적었다. "우리 작가 모두 자신의 창작물이기를 바라는 탐정". 추리소설의 독자는 작가보다 주인공인 탐정 혹은 형사의 이름을 표지에서 가장 먼저 찾아내기 때문에 시리즈가 이어질수록 작가보다 탐정이 우위에 서게 된다. 홈스가 전설을 쌓아간 방식 역시 그렇다. 그 결과 피조물은 창조자보다 더욱 거대해지며, 독자들은 원하는 피조물을 계속해서 보지 못할 경우 창조자를 응징하려고 한다.

홈스와 왓슨

그렇다면 홈스와 왓슨의 관계는 어떨까. 홈스에게 후손이 없는 이유는 왓슨이 임신을 할 수 없어서라는 농담이 있는데, 이는 영국 드라마 〈셜록〉에서 둘의 관계를 '브로맨스'로 풀어낸 데 대한 우스갯소리이자 진지한 애정과 신뢰의 관계가 셜록 홈스 시리즈에서는 남성 간에만 가능함을 비꼬는 것이기도 하다. 왓슨은 마리 모스턴과 결혼하지만 그녀는 홈스와 같이 있지 않는 시간의 왓슨을 설명하는 역할 정도로 보인다. 이것은 남자들만을 위한 리그인 셈이다. 홈스에게 해결 불가능한 범죄란 없다. 해결이 어려워 보일수록 그에게는 더 큰 기쁨과 도전이 될 뿐이다. 냉철한 이성과 영웅적 용기는 백인 남성으로 대변되는 이러한 탐정 캐릭터를 통해 구현되었다고도 볼 수 있을 것이다.

19세기 여성 작가들의 작품 세계를 분석한 수전 구바와 샌드라 길버트의 『다락방의 미친 여자』는 탐정소설을 '여성이 거의 완전히 배제된' 전통을 가진 장르에 편입시켰다. 초기 탐정소설들에서는 살해당하는 사람들도 남자가 다수였다. 쾌락 살인보다는 무언가를 얻기 위해 죽이는 사람들이 많았으며, 금전적 우위에 선 남성들이 여성들보다 많이 살해당했다. 여성들은 사건 관계자와 연인 관계로 등장해 비밀을 폭로할 때는 있었지만 사건의 전면에 나서지는 않았다. 하지만 여성은 하드보일드 소설에서부터 사건의 원인으로, 탐정의 유혹자로 등장해 사건 해결을 교란시키고, 스릴러 소설들에 이르면 도입부에 등장하는 벌거벗은 시체가 된다. 하지만 홈스와

러시아 모스크바에 있는 홈스와 왓슨의 동상

역사상 가장 유명한 탐정인 홈스와 그의 파트너인 왓슨. 작품에 묘사된 두 사람의 관계성은 책 속으로 독자들을 빨아들이는 흡입력을 지니고 있다. 그래서일까. 최근에는 두 사람의 관계를 새롭게 조명하는 패스티시 소설들이 선을 보이고 있다. 왓슨은 홈스의 동거인이자 친구이자 동료이자 기록자로서 그의 일거수일투족을 중계한다. 이를 통해 우리는 홈스의 모험담에 동참하게 되는 것뿐 아니라 왓슨과 함께하는 듯한 느낌을 받게 된다.

왓슨의 시대에 여성은 거의 항상 이야기 중심에서 배제되었다. 「보헤미아 왕국 스캔들」에 나오는 강력한 여성 캐릭터인 아이린 애들러가 거의 유일한 예외라고 할 수 있을 것이다. 아니면 『네 사람의 서명』에 등장하는 의뢰인 마리 모스턴이나.

왓슨이라는 역할의 '발명'은 셜록 홈스 시리즈가 지금까지 변치 않는 인기를 누리는 비법이다. '나의 친구 홈스'를 떠올리는 당신은 이미 왓슨이다. 왓슨은 종종 이야기를 시작하면서 의도적으로 날짜와 시간을 비롯한 실제 사실을 숨길 수밖에 없었음을 토로하는데, 그런 조심스러운 태도를 통해 오히려 '진짜' 같다는 인상을 풍긴다. 즉 날짜와 시간은 만들어냈을지 모르지만 사건 자체는 진짜일 것이라는 추측을 하게 한다.

스코틀랜드야드의 레스트레이드 경감이 221B번지를 종종 방문해 사건에 대한 자문을 구하는 모습이 등장하는 것 역시 이런 진짜 같다는 환상을 만드는 데 일조한다. 영국경찰청을 뜻하는 스코틀랜드야드는 현재 템스강 변으로 옮겨 갔는데, 홈스 시대의 옛 스코틀랜드야드는 그레이트스코틀랜드야드라고 불리던 길에 면해 있었으며, 그 명칭 역시 길 이름에서 비롯되었다. 스코틀랜드야드 출구가 정문이 되면서 영국경찰청을 부르는 이름으로 굳어졌다고 한다. 마치 월스트리트가 뉴욕 금융가를 부르는 명칭으로 굳어진 것처럼. 레스트레이드 경감의 방문은 기능적인 면에서도 중요한데, 그가 방문함으로써 홈스는 수사 관계자가 직접 가져온 사건의 관련 정보들을 손쉽게 얻을 수 있다는 맥락이 생겨난다.

홈스가 다루는 사건은 대체로 대도시에서 발행되는 일간지 사건

사고 면에서 다루어질 만한 성질을 지니고 있다. 어디에서도 본 적 없는 사건이라기보다는 있을 법한 사건으로 '시작'한다. 수수한 베이커스트리트의 방에서 이야기가 시작된다. 홈스는 왓슨이라는 해설자를 곁에 두고 의뢰인을 맞아들이는데, 주로 이 대목에서 훌륭한 추리 실력을 과시한다. 그의 추리 실력에 놀란 의뢰인이 사건을 진술한다. 사건에 대한 최초의 암시가 이루어진다. 그 뒤 사건 현장에 대한 조사가 이루어지는데, 홈스는 발자국이나 지문을 조사하기도 하고 스코틀랜드야드에서 나온 수사 관계자의 설명을 듣기도 한다. 이쯤에서 홈스는 뭔가를 알아차린 듯한 뉘앙스의 말을 하는데 그의 말을 알아듣는 사람이 없다. 특히 왓슨은 이 말을 경청해야 하는 위치(홈스의 유일한 친구이자 최측근이며 사건의 기록자)에 있으나 그가 사건의 경위를 이 대목에서 짐작하는 법은 없다. 홈스는 범인을 이미 알고 있지만 결정적 단서를 찾기 위해 최종적인 수사와 문헌 참고 작업을 하고, 결국 범인은 체포되어 자백한다. 이후 홈스는 (여전히 영문을 알지 못하는) 왓슨을 위한 설명을 시작하는데, 이 대목은 탐정 푸아

뉴스코틀랜드야드

영국경찰청의 별칭으로, 이름만으로도 추리소설 애호가들을 설레게 한다. 창설 당시에 경찰청이 있던 곳에 스코틀랜드 왕이 머무는 궁이 있어서 이런 이름이 붙여졌다고 한다. 1890년 경찰청이 템스강 변에 있는 노먼 쇼 빌딩으로 본부를 옮기면서 '뉴스코틀랜드야드'라는 별칭으로 불린다. 셜록 홈스 시리즈의 레스트레이드 경감이 스코틀랜드야드 소속이었다. 그는 특별한 일이 없어도 홈스의 하숙집을 방문했는데, 덕분에 홈스는 그를 통해 스코틀랜드야드에서 일어나는 일뿐 아니라 수사 관련 정보를 손쉽게 얻을 수 있었다. 레스트레이드 경감은 늘 홈스에게 무시당하지만 때로는 두 사람의 공조수사가 빛을 발하며 진실이 드러나기도 한다.

로가 용의자를 모두 거실에 모아놓고 연극적 제스처를 곁들여 추리를 진행하는 대목과 비교해볼 만하다. 일반 시민의 대표 왓슨은 홈스를 따라 하려는 시도를 섣불리 하지 않는다. 왓슨의 표현을 빌리면 홈스의 드라마에 필요한 것은 그리스비극의 코러스인 것이다.

왓슨은 추리를 시도하지만 번번이 실패하고, 때로 실패한 자신의 추리로부터 홈스가 단서를 얻는 것을 보며 더욱 놀라워한다. 추리소설의 황금기를 장식한 미국의 베스트셀러 작가 S. S. 밴 다인은 『위대한 탐정 소설』에서 도일이 탐정소설을 완전히 농익은 수준으로 끌어올렸다고 평가했는데, 포가 확립하고 프랑스의 소설가 에밀 가보리오가 보완한 기록적이고 심리 지향적인 기반 위에서 신선하고 다채로운 구조적 장치를 설계했다는 것이다. 귀족 탐정인 피터 윔지 경 시리즈를 쓴 소설가이자 신학자인 도로시 L. 세이어즈는 『탐정은 어떻게 진화했는가』에서 도일이 포의 미스터리 소설의 세 가지 특징인 지성주의(「마리 로제의 수수께끼」), 감각주의(「황금벌레」), 혼합형(「모르그가의 살인 사건」) 중 혼합형을 따르는 작가라고 평했는데, 거기에 한마디를 더했다. 홈스는 페어플레이를 하지 않는다는 것이다. 왓슨이 (나아가 독자가) 홈스처럼 추리할 수 없는 이유 중 하나는 단순한데, 홈스가 추리를 성공시키는 결정적인 단서를 종종 알려주지 않기 때문이다.

하지만 그것은 왓슨이 충분한 주의를 기울이지 못하는 데도 원인이 있을지 모른다. 홈스는 그럴 때마다 지적하기를 주저하지 않는다. "왓슨, 나는 항상 자네에게 심한 말을 해왔네. 그런데 자네만 그런 건 아니군."(「세 학생」, 『셜록 홈즈의 귀환』, 백영미 옮김, 황금가지, 360쪽)

그러나 우리는 왓슨 없이는 홈스의 사건을 파악하기가 불가능하다. 게다가 왓슨은 발표되지 않은 홈스의 사건을 감질나게 언급하는 데 선수다. 셜록 홈스 시리즈를 읽다 보면 가끔 미칠 지경이 되어 왓슨을 원망하게 되는데, 이것은 마치 상호를 밝히지 않은 맛집 사진이나 혹은 책 제목을 알리지 않은 채 흥미진진하거나 인상적인 문장을 골라 포스팅하는 SNS 계정을 보는 기분과 비슷하다. 홈스가 "아직은 그 사건을 공표하는 게 시기상조이지"(「서섹스의 흡혈귀」, 『셜록 홈즈의 사건집』, 백영미 옮김, 황금가지, 164쪽) 같은 소리를 할 때, 나는 준비가 다 되었으니 어서 이야기를 해달라고 멱살이라도 잡고 싶어진다. 말해주지 않을 것이라면 애초에 언급을 하지 말아라! 이 왓슨 같은 자식아. 이상한 사건이 아예 목록으로 등장하는 「다섯 개의 오렌지 씨앗」은 거의 재앙에 가깝다.

　내가 갖고 있는 기록을 살펴보면 1887년에는 다양한 사건들이 줄줄이 일어났다. 이 12개월간 일어난 사건들을 훑어보면 파라돌 챔버 사건, 가구 창고 지하실에서 호사스러운 클럽을 운영했던 아마추어 걸인 협회 사건, 영국 범선인 소피 앤더슨호 실종 사건, 그라이스 패터슨이 우파섬에서 겪은 기이한 모험, 캠버웰 독극물 사건 등이 유난히 눈에 띈다. 아직도 기억에 생생할 캠버웰 사건에서 홈스는 피살자의 시곗바늘을 돌려봄으로써 시계가 두 시간 늦춰졌다는 것과 그래서 피살자가 그 시간 안에 침대에 들었다는 사실을 증명했다. 이것은 사건 해결에 결정적인 역할을 한 추리였다. 조만간 이 모든 사건들에 대해 설명할 작정이지만, 그중 어느 것도 내가 이

제부터 말하고자 하는 기이하기 짝이 없는 사건에 필적할 만한 것
은 없다.

— 「다섯 개의 오렌지 씨앗」, 『셜록 홈즈의 모험』, 백영미 옮김, 황금가지, 176쪽

나는 여기서 열거된 사건 중 적어도 두 가지 이야기를 소설로 쓰
려고 시도한 적이 있는데, 거기에 대해서는 길게 이야기하고 싶지
않다. 다만 확실한 것은 본편보다 예고편이 재미있기는 훨씬 간단
하고 쉬우며, 도일은 마치 숙련된 광고 마케터처럼 소설에 하이퍼
링크를 달아두었고, 그 링크들은 독자들을 다음번 홈스 소설에 붙
들어놓는다. 어쩌면 이번 소설이 그때 그 사건일 수도 있으니까. 도
일은 자서전에 독자들이 종종 가볍게 언급된 사건에 대해 자신에게
질문했으나 자기도 모른다고 써놓았다.

1929년 발표한 '탐정소설 10계'로도 잘 알려진 추리소설가이자
대주교 자리에까지 오른 로널드 녹스는 『셜록 홈즈 문헌 연구』를
집필했는데, 이 글에서 왓슨의 중요성을 강조했다. 홈스를 연구하
려면 무엇보다도 왓슨을 연구해야 한다는 것이 그의 생각이다. 「마
지막 사건」에서 죽은 홈스가 이후 다시 등장할 때, 그가 살아 있었
다는 정도가 아니라 훨씬 건강해져서 돌아왔다는 데 대한 문제 제
기의 일환으로 「마지막 사건」을 왓슨이 지어낸 것이 아니냐는 의혹
을 제기한다.

홈스는 라이헨바흐폭포에서 떨어지지 않았으며, 거짓말 덩어리
에서 굴러떨어진 것은 왓슨이었다는 주장이다. 이와 상반되는 주장
도 있는데, 여기서 상반된다는 말은 「마지막 사건」이 사실이자 홈

스는 죽었기 때문에『셜록 홈즈의 귀환』의 소설들이 날조라는 말이다. 그 근거로는 홈스의 성격과 추리 방법이 달라졌고, 이야기 자체가 성립되지 않으며, 예전 이야기와의 모순점이 존재한다는 것이다. 녹스는 재치 있는『셜록 홈즈 문헌 연구』를 통해 '가짜 홈스'의 등장에 대한 추론을 제기하는데, 그러면서도 왓슨이 두 명일 수 있다는 가설에는 전적으로 회의적인 의견을 밝힌다. 모든 기록을 왓슨이 쓴 것은 확실하지만(발표된 모든 셜록 홈스 소설을 도일이 쓴 것처럼) 실제 사건을 기록한 글과 왓슨이 만들어낸 글이 혼재한다는 것이다. 녹스의 글을 읽은 도일의 답장이 재미있다. 도일의 '왓슨론'을 대변하는 이 글은 "홈스에 관한 귀하의 논문을 읽고 아주 즐거웠습니다"라는 문장으로 시작한다.

저보다 훨씬 잘 알고 있군요. 저는 즐겁게 작품을 쓰고 나서는 다시 읽지 않았는데 모순점이, 특히 연월일의 차이가 그나마 그 정도로 끝나 다행입니다. 물론 홈즈는 점점 변합니다. 처음『주홍색 연구』에서는 단순한 계산기였습니다. 그러나 계속 창작하다 보니 역시 조금은 교양 있는 인물로 만들어가게 되더군요. 홈즈는 애정을 보인 적이 한 번도 없습니다. (…) 또 하나 저 혼자 만족하고 있고 사람들이 말하지 않는 것이 있는데, 왓슨이 코러스로서, 기록자로서의 한계를 벗어나는 일이 없다는 것입니다. 지혜를 짜내는 일이 한 번도 없습니다. 유감스럽게도 기지가 조금도 없지만 그것이 왓슨다운 점입니다.

— 로널드 녹스,『셜록 홈즈 문헌 연구』, 정태원 옮김, 한스미디어, 451~452쪽

도일은 자서전에도 유머가 부족한 왓슨의 설정은 진실한 성격을 표현하기 위한 결정이라고 써놓았다. 왓슨은 홈스의 파트너이자 조력자였다. 그는 무척 평범한 사람이었지만 동시에 기이하고, 전통과 단조로운 일상을 벗어나는 것에 대한 홈스 특유의 관심사를 공유한다. 왓슨은 아내와 안정적인 직장을 원하면서도, 막상 결혼하고 환자들을 진료하는 일을 하게 되자 홈스와 함께 뛰어들던 범죄들을 그리워한다. 그리고 왓슨은 홈스의 친구가 된다. 홈스에게도 왓슨이 필요하다. 이야기의 기능적인 면에서 왓슨은 홈스를 승리를 이끄는 하나하나의 단서를 열거해 보여주는 역할을 해내는 귀중한 존재다. 그렇기에 왓슨 캐릭터가 위대한 발명이 되는 것이다. 그는 우아하고 자연스럽게 홈스의 일거수일투족을 중계하며, 독자를 안달 나게 한다. 왓슨이 없다면 우리가 어떻게 홈스의 활약에 대해 알겠는가? 애초에 홈스가 권태부터 흥분에 이르는 그 모든 감정을 누구와 나눈단 말인가?

하지만 가장 신기한 부분은 홈스와 왓슨 캐릭터에 대한 이런 분석이 사후적이라는 것이다. 도일은 홈스를 시리즈의 주인공으로 계산하고 만들지 않았다. 홈스도 왓슨도 포 소설의 연장에 있는 인물이었으며 치밀한 설계의 결과물은 아니었다. 오히려 그렇기 때문에 여지가 많았던 것일까? 물론 이런 분석도 사후적일 뿐이다. 다만 탐독가였던 도일이 만들어낸 무수한 조합들, 즉 읽은 것과 쓰는 것 사이의 화학작용에서 무언가 독특하고 매혹적인 존재들이 탄생한 것이다.

셜록 홈스 시리즈가 쓰이고 100년쯤 지나 나는 그 두 사람의 베이커스트리트 하숙집을 알게 되었지만, 그리고 그 이후로 또 수십 년의 시간이 흘렀지만, 홈스와 왓슨은 그 방에 그 모습 그대로, 나이 들지도 않고 겉모습도 달라지지 않은 채 존재한다고 생각한다. 시간이 흐르지 않는 평행 우주라고 해야 하나.

그런 데는 도일이 구사한 언어도 한몫했다. 홈스는 경구가 될 만한 말을 잘한다. "왓슨, 나는 뇌일세. 내 몸의 다른 부분은 단순한 부속기관일 뿐이지. 따라서 나는 뇌를 먼저 고려해야 하이."(「마자랭의 다이아몬드」, 『셜록 홈즈의 사건집』, 백영미 옮김, 황금가지, 103쪽) 많은 작가들이 셰익스피어를 인용하듯, 현대의 범죄소설 주인공들은 홈스를 인용한다. 게다가 홈스는 생생하다. 도일이 마치 실존 인물의 대화를 받아 적듯 생생하게 대사를 만들고 그것으로 캐릭터를 조형했다는 평가는 과장이 아니다. 그러니 홈스도 왓슨도 창조되던 단계에서부터 이미 작가에게서 벗어나 있었다. 도일은 대학 시절의 스승이었던 벨 박사로부터 영감을 얻었다고 언급하지만, 벨 박사는 도일이야말로 홈스라는 사실을 스스로 잘 알 것이라고 이야기했다. 두 사람의 말은 다 사실이었을 것이다. 도일은 자신이 보고 읽은 모든 것 사이에서 홈스를 만들어냈다. 그렇다고 모든 것이 우연이라는 뜻은 아니다.

도일은 홈스와 왓슨이 어떻게 '달라야' 하는지 분명히 알고 있었다. 홈스가 의뢰인이 도착했을 때 보여주는 추리가 사건 해결을 보장하는 것이 아님에도 불구하고, 의뢰인도 독자도 그 작은 추리 게임에서 홈스가 의기양양하게 승리할 때 큰 의미가 있다고 받아들이고 앞으로 일어날 일을 기대하게 된다. 왓슨이 언급만 하고 쓰지 않은 사건들 역시 같은 효과가 있음을 도일은 이미 알고 있었다.

홈스는 자신이 주도권을 쥔 이야기에서 독립적으로 행동하고 사고하는, 이전에 존재한 적 없던 새로운 방식의 지식 노동자가 되었다. 그는 도시의 고급문화를 알고 있었고, 어떤 지체 높은 의뢰인 앞에서도 당황하거나 기죽지 않았으며, 경찰청이라는 시스템을 이용하되 그 안에 포섭되지 않았다.

도일은 소설에 나온 내용이 설정상 오류가 있다든가, 과학적으로 틀렸다는 연락을 팬들로부터 받기도 했다. 가장 심각했던 오류는 「실버 블레이즈」에 있었는데, 이 소설로 경마를 배웠다가는 큰일 났을 것이다. 홈스는 사라진 경주마를 라이벌 경주마 주인에게 맡긴 뒤 갑자기 그 말을 경주에서 달리게 한다. 도일은 한 스포츠지의 지적을 잘 기억하고는 자서전에 적었는데, 소설 속 인물처럼 행동했다가는 관계자가 모두 처벌받을 것이라는 내용이었다. 절반은 교도소로, 나머지 절반은 다시는 경마계에 발을 디딜 수 없을 것이라고. 그런 사실을 인정하면서도 사람은 가끔 배짱대로 해야 한다고 능치기도 했다. 어떤 때는 홈스가 옳았고, 어떤 때는 독자들이 옳았다. 홈스를 죽인 도일의 결정에 대해, 독자들은 거세게 항의했고, 이번에는 도일이 독자들의 요구를 받아들일 차례였다.

오스카 와일드와의 만남

1889년 8월 30일, 도일은 런던행 기차를 탔다. 런던에 도착해서는 택시를 타고 랭엄호텔로 갔다. 그곳은 셜록 홈스 시리즈의 본격적인 시작을 알리는 계약이 성사된 곳이자 『네 사람의 서명』에 등장하는 장소다. 나도 그곳으로 간다. 랭엄호텔은 런던에서 유서 깊고 호화로운 호텔로 첫손에 꼽히는 곳이다. 1865년에 문을 연 이곳은 마크 트웨인, 데이비드 리빙스턴, 아르투로 토스카니니, 안토닌 드보르자크 같은 유명 인사들이 방문한 것으로도 잘 알려졌다. 리젠트스트리트에 자리한 이 호텔에서는 전 세계 어디로든 가는 기차나 증기선의 표를 살 수 있었다. 그만큼 상류층 인사들이 드나들던 곳이었다.

도일은 이곳에서 미국 출판사 관계자를 만났다. 다리를 놓아준 사람은 그가 신뢰하는 편집자 페인이었다. 페인은 미국에서 불법 복제된 『주홍색 연구』가 인기 있다는 사실을 도일에게 전해주었다. 2년 전에 출간된 소설의 가치를 마주할 시간이었다. 필라델피아에서 만드는 새 잡지 《리핀코츠 먼슬리》를 대표해 편집자인 조지프 스토더트가 도일을 만나러 왔다. 스토더트가 초대한 식사에는 한 명의 신인 작가도 동석했다.

도일과 와일드의 역사적인 만남이 이루어진 랭엄호텔

그 신인 작가는 이 호텔 외벽에 붙은 그린 플래크를 통해 확인할 수 있다. '오스카 와일드와 아서 코넌 도일, 《리핀코츠 먼슬리》의 편집자와 1889년 8월 30일 이곳에서 저녁식사를 했다. 이날의 만남은 『네 사람의 서명』과 『도리언 그레이의 초상』의 출판으로 이어졌다.' 도일은 이날 100파운드를 받고 4만 5000자의 이야기를 쓰기로 계약했다. 그는 이제 본격적으로 두 번째 커리어를 시작하려는 중이었다. 이 시기 도일과 루이자는 메리라는 이름의 딸을 얻었다. 그는 "일상의 단순한 일들이 견딜 수 없이 좋았"던 시기를 보내고 있었다고 회고했다.

스토더트가 유망한 두 작가와 계약서를 작성하고 이것이 걸출한 작품으로 이어졌다는 점도 인상적이지만, 두 소설가가 그날 처음 만났다는 사실도 기억할 만하다. 도일은 자전적인 에세이 『회상과 모험』에서 전성기 시절 젊은 와일드를 떠올린다. 이 대목은 더다가쓴 『코넌 도일을 읽는 밤』에도 등장하는데, 다른 사람의 특징과 지적인 면모를 매력적으로 서술하는, 즉 홈스를 불멸의 캐릭터로 만든 도일의 생생한 인물 포착 능력이 선명히 드러난다.

와일드는 특이할 정도로 정확하게 문장을 진술했고, 섬세한 유머 감각과 함께 자신이 하는 말을 생생하게 표현할 요량으로 특유의 사소한 몸짓을 구사했다. 그때의 인상은 이 자리에서 재현될 수 없는 종류의 것이다. 하지만 미래의 전쟁에 대해 토론하던 중 그가 했던 말을 기억한다. "양쪽 진영 화학자가 최전방에 앞장서서 약병을 들고 상대방을 향해 접근하게 될 겁니다." 들어 올린 그의 팔과 그 순간 지은 표정이 생생하면서도 그로테스크한 이미지를 불러일으켰다.

—『코넌 도일을 읽는 밤』, 121~122쪽

당시 와일드는 《우먼스 월드》의 편집자로 일하고 있었다. 그가 쓰는 칼럼은 꽤 반응이 좋았는데, 아직 작가로 자리를 잡기까지는 더 좋은 기회가 필요했다. 와일드는 도일이 공을 들인 역사소설 『마이카 클라크』를 읽은 독자였고, 두 사람은 금방 재미있게 이야기를 나눌 수 있었다.

와일드가 들려준 일화들 역시 유쾌하고 신기했다. 우리는 친구의 행운을 내심 못마땅해하는 상황에 관한 냉소적인 격언들을 주거니 받거니 했다. 와일드가 입을 열었다. "악마가 리비아사막을 건너고 있을 때였습니다. 우연히 수많은 조무래기 악마들이 신실한 은둔자를 괴롭히는 광경을 목격했죠. 성스러운 남자는 그 어떤 사악한 제안도 물리치던 중이었습니다. 악마는 조무래기들의 실패를 지켜보다가 한 수 가르치기 위해 직접 나섭니다. '자네들은 세련되지 못했어.' 악마가 말했습니다. '나한테 잠깐 시간을 주게나.' 그러고 나서 신실한 남자의 귀에 속삭입니다. '자네 형이 막 알렉산드리아 주교로 선출됐다네.' 남자의 고요한 얼굴이 한순간 질투심에 찬 악의로 일그러졌다. 악마가 조무래기들에게 몸을 돌렸다. '내가 권하고 싶은 방식은 이쪽이네.'"

—『코난 도일을 읽는 밤』 122쪽

19세기 아일랜드 출신의 작가인 와일드

04

시대의 산물,
홈스

범죄와 탐정의 도시, 런던으로

도일이 의사가 되기 위한 교육을 받은 에든버러대학은 18세기 계몽주의를 주도한 곳 중 하나였다. 그가 다닌 의대는 특히 그랬다. 합리적 이성, 경험주의, 과학과 진보에 대한 신뢰와 개인의 탄생은 18세기 중엽 영국에서 시작된 산업혁명을 통해 19세기의 근간으로 자리 잡았다. 부르주아계급은 귀족을 제치고 사회의 주도적인 자리를 차지했고, 성공을 꿈꾸며 도시로 몰려드는 사람들로 인해 도시는 점점 팽창했다. "제국의 온갖 한량과 놈팡이들이 쇠붙이가 자석에 들러붙듯 끌려가는 런던"(『주홍색 연구』, 백영미 옮김, 황금가지, 11쪽)이라는 도일의 표현은 제국주의와 자본주의의 팽창이 도시가 감당할 수 없을 만큼 빠르게 일어나던 시기의 런던 사회를 보여준다.

첫 번째로는 인구가 과밀해졌다. 산업혁명 이후 노동자들이 런던 거리에 넘쳐났고, 그것은 빈부 격차가 극심해졌다는 뜻이기도 했다. 전염병도 심각한 문제였다. 미국의 과학저술가 스티븐 존슨의

『감염 도시』는 콜레라의 발생과 전염, 소멸 경로를 담은 책으로, 실제 있었던 이 콜레라 유행의 무대가 바로 19세기 중반경 거대 교역 도시 런던이었다. 콜레라가 세균에 의해 전염된다는 사실을 알지도 못하던 시대에 가난한 사람들이 살던 소호 지역의 브로드스트리트를 중심으로 콜레라가 발병한 것이 1854년 여름이었는데, 열 명 중 한 명꼴로 사망자가 나왔다. 이 문제를 해결한 사람은 의학 탐정에 비유해도 좋을 마취의 존 스노와 헨리 화이트헤드 목사였다. 두 사람은 공기가 아니라 물을 통해 콜레라가 퍼진다는 사실을 과학적으로 입증했고, 도시를 전염병에서 구해냈다. 하지만 해결해야 할 문제들은 계속 생겨났다. 정신적인 문제도 있었다. 가족을 떠나 혼자 도시로 온 사람들이 많아지니 고립감과 신경쇠약이 뒷골목에 자리 잡았다. 런던 같은 대도시에서 살기 위해 불안과 위협을 감수하는 일은 필연적으로 받아들여졌다.

도일이 1859년에 태어나 1930년에 세상을 떠났으니, 40여 년을 빅토리아 여왕의 치세 아래에서 보낸 셈이다. 셜록 홈스 시리즈 대부분은 빅토리아 여왕의 통치기가 끝나가던 1880년대를 배경으로 하는데, 소설 속 시대와 달리 20세기 초에 쓰인 작품들도 많아 후기 소설들은 본의 아니게 복고풍 같은 인상을 당대에도 풍겼을 것이다. 현대 독자들에게는 말할 나위도 없다. 빅토리아시대 런던 그 자체를 경험할 수 있는 소설처럼 느껴지는 셜록 홈스 시리즈는 가스등이 켜진 거리, 말이 끄는 이륜마차, 산업화와 제국주의의 수혜를 입은 의뢰인들과 영국 신사 차림의 탐정을 보여준다. 홈스가 애용한 2인승 이륜마차는 말 한 필이 앞에서 끌고 승객들 뒤의 높은 좌

안개에 파묻힌 19세기의 런던

『주홍색 연구』와 『네 사람의 서명』에서 런던은 안개의 도시로 그려진다. 실제로 런던은 안개로 유명한데, 19세기의 안개는 그 명성이 자자했다. 18세기 중반부터 시작된 산업혁명의 영향으로 하루 종일 공장을 가동하면서 매캐한 석탄 냄새가 진동했고, 공장에서 배출된 석탄 검댕과 공기가 뒤섞여 누런 하늘이 계속되었다. 안개 속을 걷다가는 이내 의복이 더러워질 정도였다. 홈스는 진실마저 감추어버릴 것 같은 안개를 헤치며 도시 곳곳에서 일어나는 비극적인 사건들을 해결해나갔다.

석에 마부가 앉았는데, 가격이 저렴했고 런던 시내에서 찾기가 쉬웠다. 이런 이륜마차는 1830년대에 처음 특허를 받아 런던을 다니기 시작했는데, 20세기 초 자동차 택시가 등장할 때까지 주요한 이동 수단이었다. 런던은 가장 빠르게 변화하는 도시였다.

런던의 거주환경은 이륜마차를 타고 이동하는 왓슨의 시선으로 기록되어 있다. "우리는 마차를 타고 런던의 패션가, 호텔가, 극장가, 문학 동네, 상가, 그리고 해양 타운을 빠른 속도로 지나, 인구 10만의 어느 강변 도시에 도착했다. 유럽의 버림받은 자들이 득실거리는 그곳의 싸구려 셋집은 땀에 절어 악취를 풍기고 있었다."(「여섯 점의 나폴레옹상」,『셜록 홈즈의 귀환』, 백영미 옮김, 황금가지, 327쪽) 악취는 대기 중에도 들러붙어 있었다. 19세기 런던을 악명 높게 했던 오염 물질이 만들어낸 짙은 안개 말이다. "다음 날은 날씨가 개었고 태양은 대도시 상공에 드리워진 희뿌연 장막을 뚫고 가냘프게 빛났다."(「다섯 개의 오렌지 씨앗」,『셜록 홈즈의 모험』, 202쪽) 홈즈 시대의 런던은 전 세계에서 인구 밀집도가 가장 높은 도시였다. 1800년대 후반에 여유가 있는 사람들은 런던보다 안전하고 평화로운 교외로 이주를 시작했다. 그런 사람들이 생기니 통근이라는 개념도 생겨났다. 1800년대의 사람들은 일하는 곳 근처에 살았고, 사는 곳 근처에서나 일할 수 있었다. 홈즈 시대가 되면 버스와 배는 물론 런던 지하철의 전신인 메트로폴리탄 철도가 개통되어 이동의 편리를 도왔다.

런던을 런던으로 만든 빅토리아시대 소설가라면 디킨스와 도일, 두 사람을 꼽을 수 있다. 디킨스는 빅토리아시대 전기를, 도일은 후기를 소설에 담아냈다. 디킨스가 도시 빈곤을 포함해 혼돈의 풍경을 다룬 사회 비판적인 작품들을 써냈다면, 도일은 언제나 사건이 해결되는 정돈된 이성의 풍경을 작품으로 남겼다. 디킨스는 아버지의 채무 때문에 원하던 공부를 하지 못했고, 열두 살에 구두 공장에 취직해 10대를 보냈다. 일을 마치고 나면 런던 거리를 돌아다녔다. 그래서 그의 소설 속 런던은 어둡고 기괴한 드라마의 무대로 그려졌다. 반면에 도일은 책과 신문으로 먼저 익힌 런던을 소설의 무대로 삼았다. 범죄가 있었지만 그 범죄를 통제하고 이성의 영역으로 끌어올릴 탐정 역시 그 안에 심어놓았다. 그렇게 홈스는 신화가 되었다.

하지만 처음에는 도일이 런던을 상상하며 글을 썼기에 소설에서는 빅토리아시대 후기의 격변하는 삶과 사회적, 경제적 격차가 거의 다루어지지 않았다. 이는 약점이자 장점이 되는데, 즉 소설 속 빅토리아시대라는 무대는 일종의 테마파크와 같다. 충실히 재현되었지만 실제 맥락에서는 동떨어져 존재한다.

『주홍색 연구』가 나온 지 2년이 흐른 1889년에 사회학자 찰스 부스는 『빈곤 지도』를 출간하는데, 이 책에서는 소득액에 따라 런던의 사회 계층을 일곱 개의 색상으로 구분하여 지도에 표시해놓았다. 이 지도에 따르면 런던 인구의 3분의 1이 가난하게 살았고 범죄에 상시적으로 노출되었다. 홈스는 '베이커스트리트특공대'라고 부르는 부랑아들을 사건 수사에 고용하는 형식으로, 더불어 그 자신이 변장을 하고 길거리 인파에 섞여 드는 방식으로 런던 구석구석을 잘 아는 듯 군다. 하지만 홈스의 사건은 그의 의뢰인들(나아가 그의 독자들)의 경제적 상황을 반영하듯 실제 범죄가 빈번히 발생한 지

역이 아닌 부르주아들이 거주하던 지역을 중심으로 펼쳐진다. 일단 베이커스트리트부터가 부스의 지도에서는 '중류층, 윤택함'을 나타내는 빨간색으로 표시되어 있었다. 심지어는 악당 모리아티 교수 역시 교양인의 모습을 하고 있다. 비평가 이언 피어스의 표현을 빌리면 홈스는 "빅토리아시대의 신인류, 오로지 자기 두뇌로 먹고사는 실력자"였다.

당시 런던은 증가하는 인구와 범죄로 골머리를 썩는 중이었다. 이는 셜록 홈스 시리즈에서도 쉽게 발견할 수 있다. 1800년대 영국 내 도시 인구 비중은 20퍼센트에서 거의 80퍼센트까지 치솟았다. 18세기부터 부르주아가 형성되고 독서 인구가 늘어났다는 점도 주목할 만하다. 연재소설은 소설을 상품으로 만들었고, 신문이나 잡지를 통해 계급을 불문하고 도시에 거주하는 많은 사람들에게 읽혔다. 김용언의 『범죄소설』에서는 영국 소설의 부흥이 1720년부터 1820년 사이에 이루어졌다는 이탈리아 비교문학자 프랑코 모레티의 분석을 인용하는데, 신간이 출간되는 속도가 빨라진 것이다. 처음에는 1년에 다섯 권에서 열 권 정도였지만 일주일에 한 권씩 새로

___

런던의 빈민가

화이트채플, 스피탈필즈 등이 포진한 런던의 동부 지역을 이스트엔드라고 부르는데, 전통적으로 이 지역들은 슬럼가로 악명이 높았다. 런던 중심가에 슬럼가가 형성된 이유는 19세기 역사적 상황과 관련 있다. 산업혁명으로 일자리를 잃은 노동자들이 도심 주변에 모여 살며 자연스럽게 빈민가를 이루었다. 그들은 아무런 희망 없이 주린 배를 잡으며 하루하루를 살다가 약간의 돈을 벌면 독한 술을 사서 마신 뒤 잠들었다. 19세기 빅토리아시대의 영국에서는 희망과 절망이, 영광과 굴욕이 동시에 움트고 있었다.

운 소설들이 출간되었다. 소설은 생필품이 되었으며, 소설 외의 책도 여럿 출간되기 시작했다. 책 가격도 떨어졌다. 1841년에 이르면 한 부당 1페니에 팔리는 주간지들이 폭력을 포함한 선정적인 읽을거리를 연재물로 싣기 시작했다. 런던의 간선철도역 대부분이 19세기에 개통되었는데 철도가 놓이는 만큼 도서 시장도 늘어났다.

도일이 소설을 쓰기 시작한 19세기 후반에 이르면 도시와 범죄를 다룬 읽을거리들이 널리 인기를 얻게 된다. 도시의 문젯거리들은 실화와 소설을 이야기로 소비하는 과정에서 은밀한 충격과 즐거움으로 변신했다. 계정민의 『범죄소설의 계보학』에서는 탐정소설이 등장하기 이전 대중의 인기를 끌었던 영국의 범죄소설인 뉴게이트 소설을 이렇게 말한다.

> 뉴게이트 소설은 독자로 하여금 주인공인 하류계급 출신 범죄자와 심정적 연대를 형성하도록 했다. 또한 범죄자가 전달하는 불평등한 사회구조에 대한 비판과 모순된 체제를 전복하고자 하는 의지를 독자가 공유하도록 유도했다. 뉴게이트 소설의 전복성은 범죄자의 목소리를 텍스트의 중심에 배치하고, 재판 장면에서 범죄자의 입을 통해 처벌의 정당성을 전면적으로 부정하도록 한 데서 가장 강렬하게 표출되었다.
>
> — 계정민, 『범죄소설의 계보학』, 소나무, 134~135쪽

실제 범죄와 얽힌 이야기를 범죄자 중심에서 소비하던 이들이 탐정소설의 독자가 되었다는 점은 도일에게도 해당 사항이 있었다.

그는 탐정소설의 작가가 된 쪽이지만.

도일이 『주홍색 연구』의 사건 배경으로 지정한 1881년에는 이스트엔드에서 독일인 제빵사가 사라진, 속칭 '세인트루크 미스터리' 사건이 일어났다. 이 사건을 해결하기 위해 독일 이민자인 월터 셰어가 고용되었는데, 이후 공개된 법정 진술에서 자신의 직업을 '프로 자문 탐정'이라고 소개했다. 1971년 셜로키언 작가 마이클 해리슨이 『주홍색 연구』와 '세인트루크 미스터리'의 연관성을 입증하고자 《엘러리 퀸 미스터리 매거진》에 기고한 글에 따르면, 벨 박사가 아니라 셰어가 홈스의 진정한 모델일 가능성도 있다. 도일이 벨 박사를 모델로 창조했다고 몇 번씩 밝혔음에도 후대의 사람들은 자신만의 진실을 찾는 작업을 게을리하지 않았다. 어쨌거나 독립적으로 사건을 수사하는 인물이 당대 현실에도 가능했음은 분명했다.

홈스는 지금의 형사들처럼 범죄의 사회적, 정치적, 경제적 원인을 파악하는 데 시간을 보내는 대신 범죄를 사건에 따라 복잡도가 다른 퍼즐로 인식하며, 범죄 서사를 꿰뚫어 보고 자신의 언어로 사건화한다. 언제나 사건은 홈스가 판단하는 난이도를 통해 퍼즐처럼 제시된다. "담배를 피울 거네. 이건 담배 세 대를 피우는 동안 해결할 수 있을 만한 문제지. 미안하지만 앞으로 50분간 나한테 말을 시키지 말아주게."(「빨간 머리 연맹」, 『셜록 홈즈의 모험』, 백영미 옮김, 황금가지, 75쪽)

『주홍색 연구』에서 왓슨이 홈스를 간단히 정의 내리는 대목을 보면 도일이 탐정이 가져야 할 덕목을 어떻게 생각했는지 알 수 있다. 현대적 의미의 과학수사에서도 유용한 도구가 되는 식물학, 지질학, 화학, 해부학, 범죄학, 법학에는 정도의 차이가 있을지언정 어느 정도의 전문성을 갖추고 있는 홈스는 문학, 철학, 정치에 대해서는 거의 아는 바가 없어 보인다.

우리는 비록 홈스를 모든 것에 통달한 사람처럼 생각하고 싶어 하는 경향이 있지만 그에게는 분명한 허점이 있었다. 『주홍색 연구』에서 홈스는 "〔왓슨〕 박사는 방금 지구가 태양 주위를 돈다고 했습니다. 하지만 지구가 달 주위를 돈다고 해도 나나 내가 하는 일은 눈곱만큼도 달라지지 않을 겁니다"(『주홍색 연구』, 28쪽)라고 말한 바 있다. 왓슨의 설명에 따르면 홈스는 니콜라우스 코페르니쿠스의 이론과 태양계의 구성에 대해 아무것도 모른다! 19세기를 사는 문명인이 지구가 자전하면서 태양 주위를 도는 것을 모를 수도 있나? 과학은 어디에 있는가?

과학수사의 선구자, 홈스

도일은 첫 번째 셜록 홈스 소설인 『주홍색 연구』에서부터 범죄학을 과학으로 전환하려는 시도를 했다. 독일의 경제학자인 에르네스트 만델은 『즐거운 살인』에서 추리소설이 승리한 부르주아사회, 기술, 자연과학 그리고 물신화된 부르주아적 인간관계와 맺고 있는 연관성을 홈스 소설에서 볼 수 있다고 적은 바 있다.

홈스의 영향력은 '과학수사'라는 말이 있기 전부터 그가 과학수사를 행한 주인공이라는 점을 빼놓고 말할 수 없다. 유제설과 정명

섭이 쓴 『셜록 홈스 과학수사 클럽』은 도일이 홈스를 형상화한 모습이 이상적인 법과학자 그 자체라고 말한다. 도일이 단발성으로 창조했던 홈스는 이미 『주홍색 연구』에서부터 자신의 신념을 분명히 밝히고 있다.

셜록 홈스 시리즈 입문자 모두를 즐겁게 놀라게 하는 『주홍색 연구』의 도입부, 홈스가 처음 왓슨을 만나 그와 관련한 사실을 맞히는 장면을 살펴보자. 홈스는 왓슨과 악수를 하고는 바로 "아프가니스탄에 있다가 오셨군요"라고 말한다. 왓슨은 얼마간의 시간이 흐른 뒤 그때 그런 이야기를 누구에게서 들었으리라 추측했다고 말하는데, 홈스는 단호히 그 사실을 부인하며 자신의 추론 과정을 말한다. "아주 습관이 되어버린 탓에 수많은 생각이 한꺼번에 머릿속을 스쳐 갔고, 나는 중간 단계를 의식하지 못한 채 결론에 도달했습니다. 하지만 중간 단계는 있었습니다. 그 과정을 구구절절 설명하자면 이렇습니다."(『주홍색 연구』, 36쪽) 1초도 안 되는 사이에 그의 머릿속을 스친 생각은 이렇다. 의사 같지만 그러면서도 군인 같은 분위기를 풍긴다. 그렇다면 군의관이 분명하다. 얼굴빛이 검은 것으로 보아 열대지방에서 귀국한 지 얼마 안 되는 것 같다. 손목이 흰 것을 보면 살빛이 원래 검지 않다는 것을 알 수 있다. 얼굴이 해쓱한 것은 고생을 많이 하고 병에 시달렸기 때문일 테고, 왼팔의 움직임이 뻣뻣하고 부자연스러운 것을 보면 왼팔에 부상을 입은 적이 있는 것 같다. 열대지방에서 영국 군의관이 그렇게 심하게 고생하고 팔에 부상까지 입을 만한 곳이 어디일까? 분명히 아프가니스탄이다.

홈스식의 귀납적 추리법은 합리적이지만 단정적이기도 하다. 소설 속의 홈스는 언제나 정답을 맞혀 모두를 놀라게 하지만, 현실에서 홈스식으로 추론을 이어가다가는 오답의 연쇄에 당황할지도 모른다. 게다가 많은 사람들은 타인에 관한 사실을 제대로 추론해내고도 그 사실을 예의상 굳이 언급하려 들지 않지만 홈스는 아무것도 굳이 참는 법이 없다. 특히 말이라면. 영국 드라마 〈셜록〉의 시즌1 1회에서는 자신이 알아낸 것을 굳이 이야기하는 홈스를 무례하다고 보는 경찰 관계자의 말이 스쳐 가기도 한다.

봉준호 영화감독의 〈살인의 추억〉은 1986년부터 5년여간 벌어진 이춘재 연쇄살인 사건을 소재로 한 영화로, 당시 사건 기록이나 관계자 취재를 통해 만들어진 시나리오와 장면들 중에는 범인의 신발 자국으로 보이는 흔적을 경찰들이 전혀 보호하지 않아 현장이 금세 엉망이 되는 대목이 나온다. 1890년에 발표된 『네 사람의 서명』에는 홈스가 발자국을 포함한 현장을 보존하는 장면이 정확히 그려져 있다.

다큐멘터리 〈세계를 바꾼 명탐정 셜록 홈스〉는 CSI의 원조가 홈스라는 내용을 주제로 하는데, 혈흔부터 탄도학, 지문, 발자국, 독극물까지를 다루는 그가 130년이나 앞선 과학수사의 선구자였다는 것이다. 『주홍색 연구』가 발표되고 1년이 지난 1888년 8월부터 화이트채플에서 여성을 노린 강간 살해 사건이 연쇄적으로 발생했는데, 90여 일 동안 여섯 명이 희생되었다. 이 사건의 범인은 잭 더 리퍼라고 불렸다. 영국의 문학비평가이자 실존주의 철학자인 콜린 윌슨은 『인류의 범죄사』에서 잭의 성범죄에는 시체를 배치하는 모양이나 경찰에 보낸 편지를 볼 때 자존감 단계로 연결되는 강한 노출

영국을 공포에 떨게 했던 잔인한 연쇄살인마 '잭 더 리퍼'

1888년 8월 31일부터 11월 9일까지 런던 도심 한복판에서 의문의 연쇄살인 사건이 일어났다. 잭의 범행 수법은 갈수록 잔인해졌고 시체를 잔혹하게 난도질해놓은 바람에 피해자의 신원을 밝히는 데도 어려움이 많았다. 이 사건은 스코틀랜드야드에 범인이라고 자칭하는 이가 조롱의 편지와 함께 사체의 장기 일부를 함께 보내왔다는 소식이 알려지면서, 언론의 대대적인 관심을 받게 된다. 스코틀랜드야드의 수사에도 불구하고 범인은 끝끝내 잡히지 않았다. 이후 잭 더 리퍼 사건을 모티프로 한 수십 편의 소설, 영화 등이 만들어졌는데, 저마다의 방식으로 범인을 추론해냈다.

증 요소가 있다고 추론했다. 피도는 『셜록 홈즈의 세계』에서 이 사
건과 도일의 어쩌면 있을지도 모르는 연결점에 대해 언급했다. 잭
이 피 묻은 산파로 변장해 경찰의 검문을 피했을지도 모른다는 이
야기를 도일이 했다는 설이다. 도일이 실제로 그런 말을 했을 수도
있지만 피도도 잭 더 리퍼 연구자들도 그 말의 출처는 밝혀내지 못
했다.

  잭의 살인이 이어지자 경찰의 수사 방식에 문제가 있다는 것이
확실해졌다. 경찰과 구경꾼 들이 사건 현장을 바로 훼손했기에 증
거를 거의 확보할 수 없었다. 원하는 사람은 누구든 사건 현장에 들
어갈 수 있었고, 경찰은 목격자를 찾는 데 혈안이 되어 현장을 제대
로 둘러보지도 않았다. 증거는 얼마든지 있었지만 그 증거를 어떻
게 판단해야 하는지, 애초에 그것을 봐야 하는지도 알지 못했다. 홈
스의 증거 수집 방식은 경찰이 실제 수사하는 방법과 달랐다. 용의
자를 잡아들여서 어떻게든 자백을 받아내는 것이 전부였던 당시 경
찰은 머리가 아닌 주먹을 쓰는 데 익숙했다. 결국 잭 더 리퍼는 영구
미제 사건으로 남게 되었다. 홈스가 주목받을 수밖에 없던 시대였
던 셈이다.

  만델은 『즐거운 살인』에서 통속문학에서 범죄소설이 중요한 위
치를 점하기 시작한 19세기의 분위기에 대해, 인간의 생물학적인
운명, 폭력에 대한 열정, 범죄의 불가피성에 대한 통찰을 기존 사회
질서의 옹호와 변명에 이용하려는 부르주아계급의 욕구로 해석했
다. 사유재산에 대한 공격이 범죄가 되는 것이다. 이 책에서는 독일
의 철학자 발터 베냐민이 열차에서 추리소설을 읽는 여행자는 하나

의 불안 때문에 다른 불안을 일시적으로 억압한다고 적은 「여행 중에 읽는 범죄소설」이라는 기사를 언급한다. 범죄소설을 즐기는 심리는 현실에 닥쳐올 불안으로부터 도피하는 것이라는 말이며, 결과적으로는 사회질서를 공격하는 대신 옹호해야 한다는 사회적 요구(부르주아의 요구)가 반영되어 '고귀한 악당'이라는 캐릭터는 사라졌다는 것이다.

브라운 신부 시리즈를 쓴 길버트 키스 체스터턴은 도일보다 15년 뒤에 태어났는데, 탐정소설의 본질적 가치를 이렇게 설명했다. 탐정소설은 현대 삶의 시적인 감각을 표현하는 가장 초기적이고 유일한 대중문학이라고. 한때 숲을 탐험하고 나무를 오르던 인간은 이제 거대한 가로등과 굴뚝을 나무나 산꼭대기의 풍경처럼 인식해 도시 자체가 야생적이고 알기 쉬운 무엇이라고 깨닫는다는 것이다. 김용언의 『범죄소설』에서는 홈스를 수집가와 산책자, 과학자와 기계, 그 모든 것을 동시에 수행해낸 인물로 보았다. 동시에 베냐민이 19세기 중간계급의 가장 대표적인 모습으로 산책자와 수집가를 꼽았음을 언급하며, 홈스의 수사법에 기본이 되는 특징을 그 둘로 꼽았다.

홈스는 파이프 담배, 시가, 궐련의 재 등 140종의 서로 다른 담뱃재를 구분할 수 있다.(「보스콤 계곡 사건」) (⋯) 또한 시계와 구두끈, 파이프와 안경이 소유자의 개성을 가장 잘 드러내는 흥미로운 물건임을 알고 있으며(「노란 얼굴」, 「금테 코안경」), 인간의 귀가 고유한 개별성을 간직하고 있음을 간파했다.(「소포 상자」) (⋯) 본성을 교묘하게 감추는 인간을 꿰뚫어 보기 위해서는 그 사람이 키우는 개를 관찰할 필요가 있음을 역설하기도 했다.(「기어 다니는 남자」) (…) 그뿐만 아니라 42종의 자전거 바퀴 자국을 구분할 수 있고(「프라이어리 학교」), 75종의 향수를 식별해낼 수 있으며(『바스커빌 가문의 개』), 문신에 관한 자그마한 책자와 160가지의 암호를 분석한 논문을 발표했다.(「빨간 머리 연맹」 「춤추는 사람 그림」) 마지막으로 발자국과 손 모양의 조사 방식에 이르기까지 과학수사의 주요 방식에 대한 전문지식을 충분히 연마했다.(『네 사람의 서명』)

— 김용언, 『범죄소설』, 강, 70~72쪽

아침 식사 시간에 홈스가 읽는 신문, 특히 광고란은 범죄의 흔적과 수집의 목록이 된다. 홈스의 확대경은 이후 정교한 현미경 관찰로 발전했다. 1847년에 프레슬린 공작이 아내를 살해한 사건은 홈스식으로 해결되었다. 프레슬린의 권총에는 피가 묻어 있었다. 그는 아내를 죽인 침입자들에게 총을 발사했다고 주장했다. 확대경으로 사용된 총을 살펴보니 개머리에 달라붙은 머리카락이 공작 부인의 머리카락과 같은 갈색이었다. 총으로 머리를 치면서 생긴 흔적이었다. 프레슬린은 재판 전에 자살했다. 하지만 홈스가 머리카락을 중요하다고 강조했던 것은 DNA 수사가 자리 잡기 전까지는 구시대적 농담 취급을 받았다. 1970년대 미국 FBI에서 심리 프로파일링을 수사 기법으로 사용하면서 홈스의 수사법이 다시 주목받기 시작했다. 수사 기술의 발전을 논할 때면 홈스를 다시 읽어라. 올바른 원칙과 방향에 대한 초기 발상이 이미 홈스 소설에 적혀 있을 가능성이 높다.

홈스와 왓슨이 활약한 런던 중심가

런던 관광의 중심지인 피카딜리서커스로 향한다. 한눈에 런던임을 알아볼 수 있는 풍경 중 첫손에 꼽히는 곳이지만, 던대스에 따르면 도일이 『주홍색 연구』를 쓰기 전 여름에 익명의 기자가 《폴 몰 가제트》에 기고한 「한밤의 피카딜리 광장」이라는 글을 보면 크라이테리온 바의 문에 서서 볼 수 있는 풍경은 이랬다. "젊고 어여쁜 세 명의 여성이 구세군 제복을 입고 피카딜리를 걸어오고 있었다. 여섯 명 정도의 매춘부가 그들 주위를 어슬렁거리고, 거리의 부랑자들도 가까이 따르고 있었다."(『위대한 탐정 셜록 홈즈』 92쪽) 『주홍색 연구』를 당대에 접한 이들에게 피카딜리는 사회적으로 용납되지 않는 화려함과 죄악을 상징한 셈이다. 지금 크라이테리온극장이 위치한 장소를 둘러보면, 아는 사람을 마주쳐도 놀랍지 않은 번화가라는 사실을 알 수 있다. 극장 앞은 언제나 관광객으로 북적이는데, 이 근처에서 홈스가 습격당한 적이 있다. 크라이테리온극장에서 대각선으로 리젠트스트리트를 따라 올라가면 바로 볼 수 있는 고풍스러운 호텔 1층의 카페로열이 그곳이다. 단편소설 「거물급 의뢰인」을 기억하는가? 이 사건은 왓슨이 공표하자고 홈스를 무려 10년이나 조른 사건이었다! 왓슨은 길거리에서 석간신문에 실린 홈스 습격 기사를 읽고 깜짝 놀란다.

> 유명한 사립 탐정, 셜록 홈즈 선생이 오늘 오전에 피습당해 중상을 입었다는 안타까운 소식이 들어왔다. 정확한 경위는 밝혀지지 않았으나 사건이 벌어진 것은 오늘 열두 시경, 카페로열 앞의 리젠트가인 듯하다. 단장으로 무장한 두 괴한이 습격했고 홈즈 선생은 머리와 몸을 맞았는데, 의사들의 설명에 따르면 부상 정도가 매우 심각하다고 한다. 홈즈 선생은 채링크로스병원으로 후송되었으나 나중에 베이커가의 하숙집으로 옮겨달라고 고집부렸다.
> ─「거물급 의뢰인」, 『셜록 홈즈의 사건집』 백영미 옮김, 황금가지, 40~42쪽

이번에는 『바스커빌 가문의 개』의 의뢰인인 헨리가 묵었던 곳으로 간다. 산책은 슬슬 템스강 쪽으로 가까워진다. 그는 홈스에게 사건을 의뢰하러 방문한 날 아침 숙소에 괴이쩍은 쪽지가 배달되었다면서 꺼내놓는다.

> 헨리 경은 편지를 탁자 위에 꺼내놓았고 모두들 그것을 들여다보았다. 편지 봉투는 흔한 회색 봉투였다. 주소에는 조잡한 필체로 '노섬벌랜드호텔, 헨리 바스커빌 경'이라고 쓰여 있었

고 '채링크로스' 소인이 찍혀 있었다. 소인이 찍힌 날짜는 어제저녁이었다.

"경이 노섬벌랜드호텔에 체류한다는 것을 아는 사람이 누굽니까?"

홈즈는 손님에게 날카로운 시선을 던지며 물었다.

— 『바스커빌 가문의 개』 56~57쪽

1883년 노섬벌랜드호텔이었던 건물은 나중에 노섬벌랜드암스로 이름이 바뀌는데, 지금은 셜록홈스펍이 들어서 있다. 내부로 들어가볼 만한데, 말하자면 술을 마실 수 있는 셜록홈스박물관 같은 곳이다. 즉 홈스와 관련되어 있다고 주장하는 물건들이 전시되어 있지만 홈스는 실존 인물이 아니니 그럴듯해도 전부 가짜일 뿐이다. 그럼에도 불구하고 꽤 유쾌한 경험이며 셜록 홈스 에일과 왓슨스 골든 에일도 판다. 홈스는 이제 문화적 상

19세기 피카딜리서커스 풍경

징으로 자리 잡았다.

펍 뒷골목길인 크레이븐스트리트는 『바스커빌 가문의 개』 결말 부분에서 다시 한번 등장한다. 의뢰인인 배스커빌이 묵은 호텔 뒷골목이 말미에 다시 등장하는 이유는 간단하다. 주요 인물의 동선을 설명하기 위해서다. 소설의 주요한 두 등장인물은 크레이븐스트리트의 한 호텔에서 묵었다. 남자는 아내를 호텔 방에 가둬놓고 자신은 턱수염을 붙여 변장한 다음 모티머 선생의 뒤를 밟아 베이커스트리트까지 쫓아갔고, 나중에는 역으로, 노섬벌랜드 호텔로 갔다. 노섬벌랜드의 이 골목에는 「거물급 의뢰인」의 도입부에서 언급되는 장소도 찾을 수 있으니 바로 돌아가기에는 이르다. 펍을 끼고 골목이 하나 있는데, 크레이븐패시지라고 불리는 이 골목길에 옛 '네빌의 터키탕'에 들어가는 입구가 있었다. 지금은 아무 관계가 없어졌을뿐더러 셜록홈스펍만큼 눈길을 끄는 새로운 가게가 들어선 것도 아니지만, 바로 옆 골목이니 한번쯤 들러도 좋다. 소설 속에서 이 대목은 이렇게 등장한다.

홈즈와 나는 터키탕이라면 사족을 못 썼다. 그것은 쾌적하고 나른한 휴게실에서 담배를 피우는 맛 때문이었는데, 내 친구는 그곳에서만큼은 비교적 말수도 많아지고 인간미도 풍겼다. 노섬벌랜드가 터키탕 2층의 외진 구석 자리에는 침상 두 개가 나란히 놓여 있는데, 내 이야기가 시작되는 1902년 9월 3일에 우리는 바로 이 자리에 누워 있었다. 나는 친구에게 무슨 재미있는 일이 없느냐고 물었는데, 그는 대답 대신 몸을 감싼 홑이불 속에서 길고 마르고 섬세한 손을 꺼내 옆에 걸린 웃옷 안주머니에서 봉투 하나를 끄집어냈다.
─「거물급 의뢰인」, 『셜록 홈즈의 사건집』 13쪽

크레이븐스트리트를 나오면 채링크로스역이 있는 큰길이 나온다. 이 길 이름이 바로 스트랜드다. 『주홍색 연구』에서 "스트랜드가의 아메리칸 익스체인지사"가 언급되는데, 채링크로스역과 채링크로스호텔(현재 이 호텔 이름은 암바호텔채링크로스다) 앞에 있던 큰 환전소였다. 채링크로스호텔은 「브루스파팅턴호 설계도」에서 모종의 약속 장소로 등장한다. "당신이 토요일 정오에 채링크로스호텔 흡연실로 와주었으면 하오. 영국 화폐나 금만 받는다는 걸 기억하시오."(「브루스파팅턴호 설계도」, 『홈즈의 마지막 인사』, 백영미 옮김, 황금가지, 196쪽) 채링크로스병원은 「거물급 의뢰인」에서 홈즈가 부상당해 실려 갔던 곳이다. 채링크로스역은 셜록 홈즈 소설에서 가장 자주 등장하는 지명 중 하나다. 예를 들어 「세 학생」「실종된 스리쿼터 백」「애비 그레인지 저택」이 수록된 『셜록 홈즈의 귀환』에서만 채링크로스가 일곱 번 언급된다.

스트랜드에 있는 또 하나의 유명한 장소는 사보이극장이다. 이곳에서 《피터팬》을 쓴 제임스 매슈 배리의 오페레타 〈제인 애니〉가 상연되었는데, 이 작품의 대본에 도일이 공동 저자로 참여했다. 하지만 이 작품은 아일랜드 출신의 극작가이자 비평가인 조지 버나드 쇼의 신랄한 조롱을 비롯해 많은 사람들에게 외면받았다. 특히 쇼가 《월드》에 실은 평문은 단어 하나하나가 비수를 꽂는다. "문학계 어른으로서 책임감을 가져야 하는 두 시민이 공개적으로 최악의 바보짓을 저지른 데 대해 축하하는 척하는 것은 나답지 않은 일이다."

그리고 사보이극장 바로 옆에 셜로키언들의 시선을 끄는 심슨스인더스트랜드라는 레스토랑이 있다. 이 레스토랑은 「거물급 의뢰인」에서 홈스와 왓슨이 만나는 장소로 나온다. 「거물급 의뢰인」 속 장소를 이 근처에서 촘촘하게 찾기 좋은 셈이다. 게다가 홈스와 왓슨이 함께 밖에서 데이트……가 아니고 식당에서 만나 대화하는 장면이 잦은 것도 아니니. "나는 급한 환자 때문에 당장 친구를 따라나설 수 있는 형편이 아니었으므로, 그날 저녁에 심슨 식당에서 그와 만나기로 약속했다. 약속 장소에 나가보니 홈즈는 창가의 작은 탁자에 앉아 인파가 북적이는 스트랜드가를 내려다보고 있었다. 그는 그동안 한 일에 대해 말해주었다."(「거물급 의뢰인」, 『셜록 홈즈의 사건집』 24쪽) 이 식당에서는 로스트비프가 먹을 만하니 한번 시도해봄직하다. 빅토리아시대 때부터 로스트비프로 유명했다고 한다.

길 건너 벌리스트리트 12번지는 《스트랜드》 창간호가 발행된 주소다. 당시의 표지 삽화가 바로 이 거리를 그린 것이라는데 지금으로서는 잘 알아보기 어렵다. 이 근처의 라이세움극장은 도일이 공동 각색에 참여한 연극 〈셜록 홈스〉의 공연이 이루어진 곳이다. 〈셜록 홈스〉는 가장 인기가 좋은 단편이던 「보헤미아 왕국 스캔들」과 「마지막 사건」을 가지고 만들었는데(전자에는 셜록 홈스 시리즈에서 가장 존재감이 있는 애들러가, 후자에는 홈스를 죽게 만든 유명한 악당 모리아티 교수가 나온다), 뉴욕의 게릭극장에서 1899년 11월부터 1900년 6월까지 관객을 모으는 데 성공했다. "그건 기본이야, 이 친구야"라는 홈스의 대사는 지금의 영화 명대사처럼 인기를 끌었다. 이 작품은 영국에서는 『바스커빌 가문의 개』가 처음 《스트랜드》에 연재되던 시기인 1901년 9월 9일 라이세움극장의 무대에 올랐다. 라이세움극장은 『네 사람의 서명』에도 등장한다. 협박 편지에 나오는 접선 장소인데, 왓슨은 의뢰인과 함께 라이세움극장 앞으로 간다. 그 시대 큰 공연이 열리는 극장 앞 풍경을 알 수 있게 해준다. "라이세움극장에 도착하니 양쪽 출입구에는 이미 사람들이 빽빽이 몰려서 있었다. 극장 앞에는 이륜마차와 사륜마차 들이 끊임없이 밀려와 정장을 입은 남자들과 숄을 두르고 다이아몬드로 치장한 여인들을 부려놓고 있었다."(『네 사람의 서명』 37~38쪽) 이런 런던의 묘사는 범죄와 거리가 멀어 보인다.

라이세움극장. 연극 〈셜록 홈스〉가 상연된 곳이자, 『네 사람의 서명』에 등장하는 장소 가운데 하나

홈스의 이야기는
끝나지 않았다

홈스가 된 도일

이보시오, 작가 양반. 이게 뭐하는 짓이오. 내가 홈스의 죽음을 언제 분명히 알았는지는 잘 모르겠다. 다만 지금도 「마지막 사건」을 읽을 때마다 왜 굳이 죽이기까지 해야 했는지 모르겠다. 결국 홈스를 부활시켰다는 점에서 도일은 베스트셀러 작가로서 뛰어난 장사 수완을 보였다고 할 수도 있으나 처음에는 홈스가 죽었으며, 그 죽음을 선택한 사람이 홈스 자신이라는 데서 배신감을 느꼈는데, 그다음에는 죽인 사람이 다름 아닌 작가라는 사실에 더 큰 배신감을 느꼈다. 도일이 추리소설과 홈스를 진지하게 생각하지 않았는데 너무나 큰 성공을 거두는 바람에 해치워버렸다는 이야기는 잘 알려졌지만, 그가 홈스를 해치우기로 결심한 시점이 얼마나 빠른지 돌이켜 보면 기가 막힐 지경이다. 10년이나 20년 정도 홈스의 인기에 시달린 끝에 탐정 살해를 계획한 것이 아니었다.

도일은 1887년 첫 셜록 홈스 이야기인 『주홍색 연구』를 발표했다. 하지만 이 단계에서 셜록 홈스는 시리즈가 아니었다. 1889년에 두 번째 셜록 홈스 이야기인 『네 사람의 서명』을 발표했지만 이때까지도 홈스는 시리즈를 염두에 두지 않은 캐릭터였다. 1891년 도일은 《스트랜드》에 「보헤미아 왕국 스캔들」을 발표하면서 연속적으로 단편을 세상에 선보였는데, 그는 이 단편들이 『셜록 홈스의 모험』 한 권으로 묶일 분량을 연재하는 동안 한 달도 쉬지 않았다. 이후 5개월을 쉰 뒤 『셜록 홈스의 회상록』에 수록될 단편을 쓰는 기간에도 「마지막 사건」을 쓰기 전 딱 한 달만 쉬었다. 놀라운 창작력이라는 생각이 들지만, 홈스는 시리즈가 되고 고작 3년을 살았다. 독자들은 거세게 항의했고 편집자는 돈으로 도일의 마음을 되돌리려 했다. 이후 10여 년의 시간 동안 도일은 1년에 한 번꼴로 소설이나 논픽션을 발표했다. 제라르 준장 시리즈가 나온 것도 이 시기였다.

앞서 이야기한 것처럼 이 시기에 도일이 가장 중요하게 생각한 일은 루이자의 건강 문제였다. 당시 폐결핵은 완치가 어려운 병이었기에 도일의 가족들은 '이동하는 부족'처럼 스위스와 이집트, 영국의 이곳저곳을 여행했다. 미국의 에세이스트이자 비평가, 사회운동가인 수전 손택이 『은유로서의 질병』에 언급한 바에 따르면 루이자가 투병을 시작하던 당시에는 공기 좋고 경치 좋은 곳에서 요양을 하면 폐결핵이 낫는다고 생각했다. 도일은 카이로의 사막과 나일강을 여행하면서 그곳을 무대로 한 테러리즘 이야기를 쓰기도 했고, 아일랜드 자치에 반대하는 정치적인 글을 발표하기도 했다. 그에게는 저작권 수입이 있었지만 필요한 지출에 비해서는 부족했다. 루이자의 요양을 위해 시골집을 새로 지어야 했고, 친척들에 대한 부양 의무 역시 그의 몫이었다.

이즈음에 도일은 레키와 만나게 되었다. 두 사람은 루이자가 죽고 1년이 지나 재혼했다. 확실한 것은 도일이 루이자를 헌신적으로 돌보았지만, 동시에 레키에 대한 사랑에 열정적이었다는 사실이다. 이런 상황이 도일에게 분열적이었음은 의심할 여지가 없어 보인다. 반스의 『용감한 형제들』은 루이자가 죽던 무렵의 도일의 심리 상태를 상상해 보여준다. 하지만 이 책의 가장 흥미로운 점은 도일이 홈스처럼 실제 사건에 개입하여 해결한 이야기를 들려준다는 것이다.

도일은 어떤 이들에게는 홈스와 구분되지 않는 사람이었다. 베이커스트리트 221B번지의 홈스에게 오는 편지들은 우체국에서 알아서 '주소 불명' 도장을 찍어 반송 처리했다. '아서 경 댁의 홈스 씨 귀하'라고 적힌 편지들도 비슷하게 처리되었다. 하지만 어떤 사건들은 도일에게까지 도착했다.

도일은 "여러 가지 의미에서 좋은 친구였던 홈스에게 고마워하지 않을 수 없다"라고 하면서도 홈스에게 싫증이 난 듯했다면 그것은 그의 성격이 명암을 용납하지 않았기 때문이라고 자서전에 써놓았다. 홈스는 계산 기계였다는 것이다. 그의 이런 진단과 별개로 도일은 이미 많은 독자들에게 홈스거나 최소한 홈스에게 접근할 수 있는 왓슨이었다. 프랑스에서 온 학생들이 가장 가고 싶은 곳으로 홈스가 사는 집이라고 답했다는 사실에 놀라면서도 도일은 "그럴 만한 이유가 있어서" 정확히 베이커스트리트의 어느 집인지는 답할 수 없다고 했다. 물론 그럴 만한 이유라면 홈스는 실존 인물이 아니기 때문이겠지만.

파리에서 온 학생들에 대한 이야기만큼이나 도일이 파리에 간 이야기도 재미있다. 도일은 마차를 타고 파리의 호텔에 가고 있었다. 마부는 도일을 바라보다가 "도일 선생님, 제가 보기에 당신은 얼마 전 콘스탄티노플에 다녀오셨군요. 그리고 부다(페스트)에도 다녀오셨다고 생각할 만한 이유가 있습니다. 밀라노 근처에도 다녀오셨고요."(『아서 코난 도일 자서전』, 143쪽)라고 말했다. 도일은 마부에게 알아낸 방법을 알려주면 5프랑을 주겠다고 제안했다. 마부의 답은 간단했다. "트렁크에 붙은 라벨을 봤거든요."(『아서 코난 도일 자서전』, 143쪽) 도일이 누구인지 아는 사람들은 늘 그와 이런 일종의 겨루기를 하거나 혹은 의뢰를 하려고 했다.

독자들은 도일에게 의뢰를 보내기도 했지만, 홈스 이야기가 될 만한 소재를 보내기도 했다. 홈스와 추리 게임을 하려는 사람들에게서도 연락이 왔다. 표지가 있는 명함, 경고장, 암호문은 도일에게 낯선 일이 아니었다. 한번은 아마추어 당구대회에 출전했는데, 참가자 중 한 사람이 그에게 초커를 건네주었다. 도일은 몇 달간 그 초크를 사용했는데, 어느 날 초크에 구멍이 뚫리더니 그 안에서 작은 종잇조각이 나왔다. "아르센 뤼팽이 셜록 홈스에게". 정말이지 번거롭기 짝이 없는 도전장이다. 사라진 보물에 대한 단서가 암호로 적힌 편지를 받기도 했다.

편지는 러시아에서도 많이 왔다. 언젠가는 바르샤바에서 편지가 왔다. 편지의 발송인은 2년 전부터 꼼짝을 못한 채 지내는 중으로, 도일의 소설만이 유일한 낙이라고 했다. 도일은 서명을 한 책을 몇 권 보내려고 준비했는데, 우연히 만난 작가 동료로부터 그런 편지를 자신도 받았다는 말을 듣게 된다. 심지어 편지를 꺼내 보여주었다고 한다. 편지를 보낸 이는 작가들의 동정심을 사 자필 서명이 된 책을 모으는 수집가였던 셈이다. 도일이 기사 작위를 받은 뒤에는 어째서인지 '셜록 홈스 경'이라고 이름을 바꾸었다는 소문이 퍼져, '셜록 홈스 경' 앞으로 된 청구서를 받고 항의한 적도 있었다. 도일은 홈스였을까 왓슨이었을까. 의사이자 작가라는 점에서 도일은 오랫동안 홈스보다는 왓슨 쪽이라고 이야기되어왔다. 하지만 도일은 홈스처럼 실제 상황에서 추리할 기회를 얻곤 했다.

한 사건은 실종자의 가족들로부터 온 의뢰였다. 한 남자가 실종되었다. 그는 예금을 인출했으나 자신이 가지고 있는 상황인 듯했다. 물론 그 돈 때문에 살해당했을 가능성도 염두에 두어야 했다. 실종 전날 그는 런던의 랭엄호텔에 방을 얻은 뒤 음악회에 갔는데, 그때 입고 간 옷은 다음 날 발견되었으나 정작 사람을 찾을 수 없었다. 옆방의 투숙객 말로는 밤새 그 방에서 무슨 소리가 들렸다고. 경찰도 단서를 잡지 못하고 있었다.

도일은 이 사건에 대해 들은 뒤 홈스의 눈으로 사건을 해결하고자 했다. 그는 사라진 남자가 글래스고나 에든버러에 있으리라고 추측했다. 나중에 밝혀진 바에 따르면 그는 정말 에든버러에 있었다. 발견될 즈음에는 다른 곳으로 옮겨 간 뒤였지만 말이다. 도일은 답을 맞힌 데 대해 간단한 설명을 곁들였다. 근거가 없는 추측을 제외하는 일이 가장 중요하다. 큰 호텔에서는 여러 소리가 날 수 있는데, 옆방 사람이 무슨 수로 실종된 남자가 낸 소리라는 것을 알 수 있었겠는가? 그리고 추측 가능한 사실인즉슨, 그가 행방을 감추고 싶어 했다는 사실이다. 은행예금을 찾은 남자가 밤중에 호텔에서 몰래 빠져나갔다. 음악회가 끝나고 돌아온 뒤, 그리고 호텔에 아직은 사람이 많던 때. 도일은 추리를 이어나갔다. 런던에서 모습을 감추려는 사람이 호텔에 굳이 묵어야 했던 이유는 무엇일까. 높은 확률로 다른 지방에 가려는 생각이었을 것이다. 그런데 밤에 기차에서 내리면 눈에 띌 것이며, 눈에 띄지 않으려면 사람들과 섞여 내릴 수 있는 종점인 큰 역을 노릴 수밖에 없다. 즉 밤에 출발하는 스코틀랜드 급행열차를 타면 에든버러나 글래스고에 도착하면서도 눈에 띄지 않을 수 있다. 이 추론은 옳았다.

'욕조 속의 신부' 사건도 있었다. 도일은 신문에서 욕조에 빠져 죽은 아내를 발견한 남자에 대한 기사를 읽었다. 그 사건은 우연이라기에는 블랙풀의 중년 여성 사망 사건과 너무나 흡사했고, 도일은 신문을 스크랩해 스코틀랜드야드로 보냈다. 알고 보니 조지 조지프 스미스는 이름을 바꿔가며 여러 번 결혼했고, 그의 아내들은 생명보험을 든 뒤 같은 방식으로 살해당했다.

한 젊은 여성에 얽힌 사건도 있었다. 그녀의 약혼자가 사라졌다. 도일은 이전과(홈스와) 같은 방식으로 추리했고, 그 남자의 행방을 알기는 어렵지만 더 중요하게는 그 남자가 사랑하거나 결혼하거나 찾을 필요가 없는 별 볼 일 없는 사람임을 증명했다. 하지만 도일의 추론이 언제나 우세하지는 않았다. 마을 여관에 든 도둑을 잡아야 하는 사건에서 도일이 범인이 왼손잡이고 부츠 안에 못을 감추고 있으리라는 사실 정도를 알아낸 상황에서 경찰은 아무 증거도 없이 범인을 검거했다. 동시에 도일은 아무런 단서가 없는 오싹한 이야기를 접했다. 미국의 한 남자가 가족들과 산책을 나갔다가 무언가를 잊었음을 깨닫고 집으로 돌아갔다. 가족들은 밖에서 기다리고 남자는 현관문을 열고 집으로 들어갔는데, 그 남자는 이후 행방이 묘연해졌다……

도일 자서전의 실제 사건에 대한 회고 대목은 꽤 재미있다. 도일이 맡았던 사건 이야기는 계속 이어지는데, 런던의 출판사에서 일하던 부장급의 남자가 죽었다. 죽음 자체는 이상할 일이 없었으나 몇 년이 지나 그 남자 앞으로 편지가 왔단다. 캐나다에서 온 편지로 발신인이 적혀 있지 않았는데, 귀퉁이에 '첩보'라는 말만 작게 적혀 있었다. 유족들도 영문을 알 수 없는 일이어서 회사 사람이 편지봉투를 열었는데, 그 안에는 백지만 달랑 두 장 들어 있었다. 이 사건을 접한 도일은 백지를 각종 화학약품이나 열처리를 해서 숨겨진 글자가 나타나는지(정말 추리소설가다운 해법이다) 시도했으나 아무것도 찾지 못했다. 도일이 실패한 사건.

도일이 직접 나서서 해결하기 위해 노력한 사건 중 하나는 소설 『용감한 친구들』의 소재가 되었다. 바로 에달지 사건. 반스는 도일과 조지 에달지 두 사람의 일대기를 그려 보인다. 동시대의 두 사람은 서로 만날 일이 없는 것처럼 살아가지만 어느 순간 교차하게 된다. 에달지 사건은 사무변호사이자 인도 이민자 2세인 에달지가 '그레이트웨얼리 잔학 행위' 사건의 범인이라는 누명을 쓰면서 시작된다. 1903년 영국 마을 그레이트웨얼리에서 가축들이 갑자기 죽고 주민들이 괴한의 협박 편지를 받은 사건이었는데, 에달지는 인도계 혼혈이라는 이유로 범인으로 몰려 감옥에 가게 된다. 그는 그곳에서 교도관이 넘겨준 소설 중 하나였던 염가판 『바스커빌 가문의 개』를 통해 도일을 알게 된다.

빈약한 증거를 확대 해석한 재판으로 에달지는 7년의 징역형을 선고받았다. 인종차별의 징후가 농후한 이 사건을 두고 여러 의견이 있었는데, 도일은 에달지가 3년을 복역하고 석방된 뒤인 어느 날 그가 직접 쓴 수기를 신문에서 읽게 되었다. 도일은 신문기사를 모으고, 재판 기록을 연구하고, 에달지의 가족들을 만나고, 범죄 현장을 둘러보았다. 그리고 1907년 1월 12일부터 《데일리 텔레그래프》에 사건에 대한 글을 연재하기 시작했다. 도일이 이 기사를 저작권 없이 계약했기에 그의 글은 여러 신문에 실릴 수 있었다. 그의 기사는 전국에 반향을 불러일으켰다. 이 사건에 대한 조사를 위해 정부에서는 위원회를 조직했으며, 영국 사법제도 최초로 상고법원이 만들어졌다. 결과적으로 에달지가 죄가 없다는 결론이 새롭게 도출되었으나, 협박 편지를 쓴 혐의에 대해서는 유죄라면서(편지 사건에 대해서는 재판받은 적이 없음에도 불구하고) 어떠한 보상도 이루어지지 않았다. 그러자 《데일리 텔레그래프》가 나서서 에달지를 위한 후원 모금을 했다.

도일은 자서전에서도 에달지 사건을 언급했으며 오랜 시간을 들여 재판상의 중대한 오류를 바로잡았다. 그는 이 사건을 철저하게 조사한 이유가 에달지 가족이 이 사건에서 아무런 도움도 얻지 못한 채 고립되어 있었기 때문이라고 했다. 동네 사람들은 그들을 지속적으로 괴롭혔으며, 경찰 역시 별 도움이 되지 않았다. 경찰로 따지면 오히려 선입견을 가지고 몰아가기식 수사를 했을 뿐이었다.

그러니 도일은 경찰을 믿는 대신 직접 조사하기로 한 것이었다.

도일은 진범에 대해서도 단서를 잡았는데, 문제는 관련된 공무원들의 결속이 그의 예상을 훨씬 뛰어넘는 견고한 것이었다는 데 있었다. 도일은 조직에 대한 그들의 충성심을 과소평가했다. "슬프게도 영국의 관료들은 매우 단단한 결속력을 가지고 있어서 그들을 공격해야만 할 때는 그들로부터 정의나 공평함을 기대해서는 안 된다. 오히려 그것은 서로의 불리함을 폭로하지 않겠다고 굳게 맹세한, 국민의 이익보다 잘못된 충성관을 더 소중히 여기는 완고한 조합이다. 같은 관료들 사이에서 한 사람을 궁지로 내모는 듯한 행동은 결코 용납되지 않으며, 하물며 가엾은 희생자를 고통에 빠뜨린 죄로 동료 관료를 벌한다는 것은 꿈에도 생각지 못하는 무리들이다. 벌써 오랜 시간이 지난 지금까지도 이 사건이 어떻게 다루어졌는지를 생각하면 화가 난다."(『아서 코난 도일 자서전』, 291쪽)

도일을 필요로 하는 사건은 또 있었다. 에달지 사건이 도일 때문에 해결되었다고 믿은 사람들이 그에게 다시 사건을 의뢰했다. 1908년 12월 21일, 매리언 길크리스트라는 여성이 하녀가 심부름 때문에 잠깐 집을 비운 사이 머리를 맞고 살해되었다. 이웃들은 그 소리를 들었고, 그중 한 사람은 아파트를 빠져나가던 범인을 목격했다. 도둑맞은 물건은 브로치 하나뿐이었는데, 오히려 서류 상자가 부서졌고 안을 뒤진 흔적이 있었다. 길크리스트의 유서를 찾기 위해 이 서류 상자를 부순 것으로 추정되었다. 문제의 브로치를 전당포에 맡긴 남자는 오스카 슬레이터였다. 하지만 그 브로치는 슬레이터가 오랫동안 가지고 있던 것이었으며, 그는 길크리스트를 본

홈스처럼 사건을 해결한 도일

도일은 때때로 미궁에 빠진 사건을 해결하기도 했다. 그는 사건을 의뢰하는 편지를 받기도 하고, 직접 사건에 대한 실마리를 찾아 신문사나 경찰청에 보내기도 했다. 도일은 현장에 남겨진 희미한 흔적들을 바탕으로 범인의 특성과 행동 양태 등을 추론해 범행 동기를 밝히곤 했다. 남겨진 기록을 통해 그의 수사 방식이 지금의 프로파일러와 유사했음을 알 수 있다.

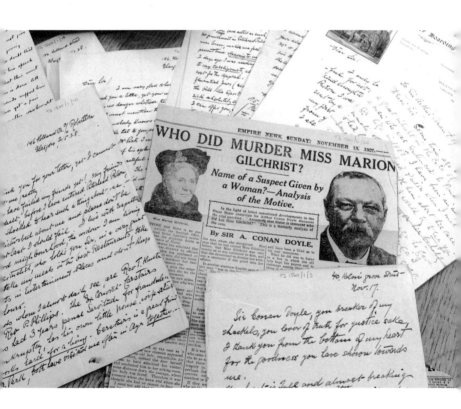

적도 없다고 진술했다. 문제는 슬레이터가 그 사실을 입증할 방법이 없었다는 것이다. 주변 사람들로부터 견실하다는 평가를 받았던 에달지와 달리 슬레이터는 도박꾼이었다. 도일은 길크리스트의 조카인 프랜시스 차터리스가 범인이라고 추정했으며, 다른 친척들도 후보에 올렸다. 그리고 이 사건은 슬레이터의 인간성을 질타하는 분위기 속에서 종신형을 살던 그가 18년을 복역한 뒤 1927년에 석방되며 끝났다.

선택적 정의감

도일은 홈스가 죽어 있는 동안 보어전쟁에 참전했다. 그는 자신의 선택이 영국 젊은이들의 입대 장려에 도움이 되리라고까지 생각했다. 하지만 어머니가 그 의견에 반대 의사를 표명했다. "셜록 홈즈를 창조할 수 있는 사람을 위해 싸워줄 사람이 수십만 명은 있을 것이다…… 그리고 내 사랑하는 아들, 너는 고생을 할 것이다…… 네가 죽는다 해도 더 나아지는 사람은 한 명도 없고, 수천 명이 더 슬프고 더 지루해질 것이다. 너의 가족은 엉망이 되고, 너의 어머니는 가슴 아프고, 너의 아이들은 아버지 없이 자랄 것이다."(『위대한 탐정 셜록 홈즈』, 235쪽) 도일은 어머니에게 편지를 보내 설득했으나, 정작 병역 검사에서 떨어지고 말았다. 결국 그는 의료봉사단에 합류해 1900년 봄 남아프리카공화국으로 갔다. 다시 영국으로 돌아온 뒤에는 보어전쟁에 대한 역사서를 썼으며 이 책은 큰 주목을 받았다.

블룸폰테인의 랭먼병원에서 진료 중인 도일

보어전쟁이 발발하자 도일은 의용군에 지원하지만, 나이가 많은 데다가 군 복무 경험이 없어 떨어지고 만다. 결국 그는 친구인 존 랭먼이 꾸린 의료봉사단에 합류해 남아프리카공화국 블룸폰테인으로 갔다. 작가이기 이전에 의사였던 그는 전쟁의 상흔이 육체뿐 아니라 정신도 피폐하게 만들리라는 것을 누구보다 잘 알고 있었다.

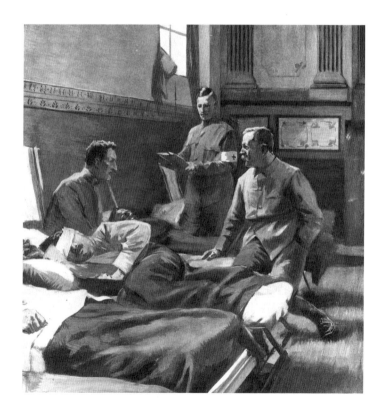

20세기 전환기, 도일은 1900년과 1906년 두 번에 걸쳐 국회의원 선거를 치렀다. 원래 정치적인 야심이 있었는가 하면 그런 것은 아니었다. 의회에 입성하고 싶다는 마음이 컸다면 당선 가능성이 높은 곳에서 선거를 치르고자 애썼을 것이라고 그 자신도 말한 적이 있다. 낙선자의 변명일지도 모르지만, 도일은 최고 득표자가 되기 위해 나선 일은 아니었다고 밝혔다.

1900년 선거 당시 도일은 유년시절을 보낸 에든버러센트럴의 보수정당인 자유통일당 후보로 나섰는데, 그곳은 급진적 정치 성향을 보인다고 알려져 있었다. 자유통일당 집행부에서는 당선이 유력한 지역구를 주겠다고 제안했으나, 도일이 이를 거절하고 에든버러센트럴을 선택했다는 점은 강조하는 편이 좋겠다. 남아프리카에서 돌아온 직후였기에 이 선거에 출마하면서 도일의 목표는 보어전쟁에서의 승리를 위해 지원을 아끼지 않아야 한다는 사실을 유권자들에게 호소하는 것이었다. 선거 유세는 '직접' 사람들을 만나 호소할 수 있는 방법이었다. 영국 내에서는 전쟁 지속 여부를 두고 논쟁이 거세지고 있었다. 영국군의 잔인함에 대한 지적이 주 내용이었는데, 도일은 전장에서의 경험을 바탕으로 부당한 공세라고 여겼다. 그래서 소책자를 만들어 여러 나라 언어로 번역하여 배포해 국가의 오명을 씻고자 했다.

도일이 어떤 일에 도전하는 이유는 대체로 이런 식이었다. 궁금하면 해보는 것이다. 돈이나 명예도 중요했지만, 성사 가능성이 높은 일을 골라 도전하지는 않았다. 도일은 자서전에서 이 시기에 대해 쓰기를, 인간으로부터 최상의 것을 끌어내려는 신의 뜻에 기대는 일이 나쁘지는 않으나 누구나 최선의 자신이 되도록 노력해야 한다고 했다. 그것을 확인하기 위해 누구나 자기 자신에게 기회를 주어야 한다고 도일은 믿었는데, 기회를 주는 방식은 기다리기가 아니라 덤벼들기 쪽이었다. 나중에 후회하지 않기 위해 지금 당장 해버리기.

도일의 심령술에 대한 태도가 종교를 믿지 않는 동시에 영적인 것에 대한 신뢰를 표현하는 것이었다면, 정치에 대한 태도는 특정 당파성을 띠지 않으면서도 정치적인 인간으로서의 자신을 드러내는 것이었다. 선거운동을 위한 회의에서 연설 초안 내용을 두고 이야기가 오갔는데, 도일은 공약에 대한 책임을 자신이 져야 한다면 자신이 직접 연설문을 작성하겠다고 하고는 초안을 구겨버렸다. 물론 공약에 대한 책임을 지기 위해서는 당선되어야 했고, 당선 확률이 높지 않기는 했지만 말이다. 선거를 위해 없는 일을 만들거나 작은 일을 부풀리는 일도 하지 않고자 했다고 도일은 회고했다.

모험을 원한 입후보자 도일이 선택한 에든버러센트럴 지역은 급진적인 분위기가 강했던 만큼 그에 대한 야유도 가장 심한 곳이었다. 하지만 긍정왕이라고 부를 수 있을 정도로, 이 시기를 회고하는 도일의 태도는 차분함 그 자체다. "끔찍할 정도의 야유를 받으며 연단에서 냉정함을 유지하는 법을 익혔으며, 방해나 술렁임을 무시하는 기술을 배워 훗날의 자신에게 도움이 되었다. 틀림없이 이 두 번의 시련을 견딘 것이 훗날의 참된 일을 위한 혹독한 단련이 되었다고 생각한다."(『아서 코난 도일 자서전』, 266쪽) 얼마나 의연했는지 동생 이네스가 연단 위의 도일이 청중을 감동시키는 모습을 보고 문학이 아니라 정치야말로 그의 천직이라고 말하기도 했다. 동생의 감탄에 대한 도일의 대답은 무엇이었을까. 어느 쪽도 아니고 종교적인 일이 천직이라는 것이었다. 당시에는 별 뜻 없는 우스갯소리를 주고받은 일이었으나, 그 말은 예언이 되었다.

당초 예상을 웃도는 득표에도 불구하고 도일이 의원직을 얻는 데는 실패했다. 유력한 상대 후보 조지 매켄지 브라운은 3028표, 도일이 2459표를 얻었는데, 이전 투표에 비하면 상대 당의 1500표가량을 잠식한 결과였다고 한다. 투표일 전야, 도일이 로마 가톨릭 신자이며 예수회파의 교육을 받았다는 등의 내용이 적힌 현수막이 내걸렸다. 사람들은 그 앞에서 이런 후보자는 안 된다며 외쳤다고 한다. 그 현수막이 낙선에 얼마만큼 큰 영향을 미쳤는지를 입증할 방법은 없으나, 도일은 낙선을 기꺼이 받아들였다. 당선되었다면 곁길로 빠졌을 텐데, 현수막 덕분에 그러지 않을 수 있었다고.

다시는 정치에 발을 들이지 않겠다고 생각한 도일은 몇 년 뒤 다시 선거에 입후보했다. 이번에는 양모 가공업을 주력으로 하는 호윅 자치구에 나갔으며, 꽤 입지를 다진 상대 후보와 싸우기 위해 돈도 많이 썼다. 도일의 유세장은 경쟁 후보의 지지자들이 대대적으로 몰려드는 바람에 난장판이 되어갔다. 연설회가 열리기 전부터 유세장은 만원이었고, 모두 노래나 구호 외치기에 열중해 연단에 다가가면 마치 식사 때의 동물원에 온 것 같았다고 도일은 회고했다. 그리고 유권자들은 도일을 집으로 돌려보내주었다.

1902년, 도일은 보어전쟁에서 영국군의 활동을 적극적으로 옹호하는 소책자 발간한 공을 인정받아 10월 24일에 에드워드 7세로부터 기사 작위를 받았으며, 명예직인 서리주 부지사에도 임명되었

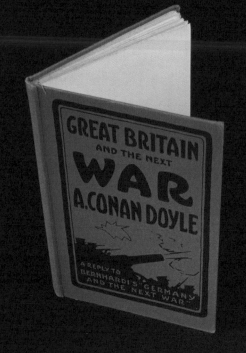

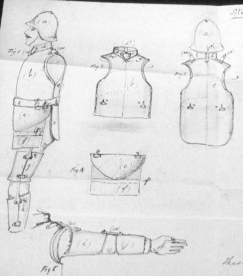

다. 이 사실이 알려주는 것은 도일이 당시 다른 영국인들과 마찬가지로 제국주의자였다는 것이다. 영국에서 활발했던 여성 참정권 운동에 대해서 그가 맹렬한 반대 의견을 표명했다는 사실은 잘 알려져 있으며, 그는 반공주의자이기도 했다.

하지만 타국이 주도한 잔학 행위에는 적극적으로 반대 의견을 냈다. 가장 대표적인 사례는 벨기에가 통치하던 콩고에서 벌어진 고무 농장의 잔학 행위에 대한 글을 《타임스》에 실은 일이었다. 홈스식의 조사를 현실 정치에 적용하려는 도일의 노력이었다. 그러나 이슈에 따라 선별적으로 정의감을 발동했다는 사실을 지적하지 않을 수는 없으리라.

배스커빌 가문의 개를 쫓아서

도일은 비로소 다른 사람들이 기대하던 일을 했다. 이제 다트무어로 서둘러 떠나야 할 때다. 배스커빌 가문의 개를 쫓아서.

도일은 1893년 「마지막 사건」을 내놓은 이후 8년간 셜록 홈스 이

제국주의자로서의 면모를 드러낸 도일

도일은 "영국 제국의 건강을 지키고 싶다면, 먼저 잡아야 할 것은 와인 잔이 아니라 소총이다"(『아서 코난 도일 자서전』, 196쪽)라며 제국의 영광을 위한 전쟁을 적극적으로 지지하며 제국주의자로서의 면모를 드러냈다. 그는 영국군의 사기 진작을 위해 전선을 돌아다니며 연설했을 뿐 아니라 정부를 옹호하는 수십 편의 글을 썼다. 또한 군대를 위한 갑옷을 디자인하기도 했다.

야기를 발표하지 않고 지냈다. 그러다가 1900년 12월 15일, 잡지 《티트비츠》에 후회 어린 고백을 실었다. "오늘까지 단 한순간도 홈스를 죽인 사실에 대해 후회해본 적이 없다. 하지만 그가 죽었다고 해서 그에 관한 이야기를 다시는 쓸 수 없다는 말이 아니다." 도일은 다시 셜록 홈스 이야기를 쓰기로 마음먹었다. 흥미롭게도 그가 1901년 《스트랜드》에 『바스커빌 가문의 개』를 발표했을 때 귀환도 부활도 아닌, 1889년 사건에 대한 '회상'의 형태였다는 점을 짚고 넘어가야 한다. 사건은 라이헨바흐에서 있었던 홈스의 마지막 이전에 벌어졌다는 설명이었다. '진짜 부활'은 1903년에 출간된 「빈집의 모험」에서 홈스가 없는 런던에 익숙해져가던 왓슨이 한 노인의 방문을 받으며 시작한다. 여상한 대화가 오가던 중, 왓슨과 우리 모두를 놀라게 하는 장면이 펼쳐진다.

나는 고개를 돌리고 등 뒤의 책장을 바라보았다. 그런데 다시 고개를 돌렸을 때 셜록 홈스가 내 앞에서 싱글벙글 웃고 있는 게 아닌가. 나는 벼락 맞은 사람처럼 벌떡 일어나서 그를 멍하니 쳐다보았다. 그리고 내 평생 처음이자 마지막으로 기절했던 것 같다. 회색 안개 같은 것이 눈앞에서 빙글빙글 돌았고 정신을 차렸을 때는, 목덜미는 풀어헤쳐져 있고 입속에선 브랜디의 알싸한 맛이 느껴졌다. 홈스는 잔을 든 채 의자에 앉은 나를 내려다보고 있었다. 그리고 친숙한 목소리가 들렸다.

"왓슨, 정말 미안하이. 자네가 이 정도로 놀랄 줄은 꿈에도 몰랐네."

—「빈집의 모험」, 『셜록 홈즈의 귀환』, 백영미 옮김, 황금가지, 16쪽

홈스가 부활했다.

그의 부활은 1903년 10월에 발표된 단편소설 「빈집의 모험」으로 공식화되었다. 하지만 그 전에 발표한 『바스커빌 가문의 개』는 도일이 홈스를 주인공으로 한 소설을 계속 이어갈 수 있으며 그럴 의지가 있음을 알린 사건이었다. 한동안 도일이 홈스 못지않은 활약을 보여주었다고는 하지만 홈스의 부활이야말로 사람들이 도일에게서 기대한 행동이었다.

「마지막 사건」에서 도일은 홈스를 죽였다. 홈스를 라이헨바흐폭포 아래로 던져 아예 존재를 없애버렸고, 그 덕에 도일은 런던 최고의 밉상으로 등극했다. 도일은 "내 머릿속에서 더 나은 것을 찾아내지 못하게" 하는 홈스를 해치우는 것 말고 방법이 없었다고 했다. 홈스를 "물이 소용돌이치고 거품이 끓어오르는 끔찍한 가마솥 맨 밑바닥"(『주홍색 연구』, 42쪽)으로 던져버린 뒤 왓슨이 시체도 찾지 못하게 한 설정은 결과적으로 천재적인 발상이었는데, 미스터리 소설의 애독자라면 잘 알겠지만 시체를 찾지 못한 죽음은 종종 '사실은 죽지 않았다'는 반전의 소재가 되기 때문이다. 도일은 그렇게 하기로 했다. 일단 홈스는 돈이 되었으니까. 생각해보면 홈스의 부활이야말로 그의 강인한 생명력을 웅변하는 셈이다. 창조주가 죽이고 나서 되살리지 않으면 안 될 정도로 강력했던 주인공. 홈스는 이후로도 도일에게 온전히 속하지 않게 되었다.

셜로키언이자 작가인 던대스는 빅토리아 여왕의 서거가 『바스커빌 가문의 개』의 선풍적인 인기에 한몫했다고 보았다. 빅토리아시대가 여왕의 죽음과 함께 막을 내렸고, 성대한 장례식은 그 사실을 분명히 알렸다. 도일도 장례식을 지켜보고 《뉴욕 월드》에 글을 썼다. "여왕께서는 검은 문으로 이어지는 음울한 길을 홀로 가셨다." 소설가 헨리 제임스는 이제 혼란이 닥치리라 예상했다. 그런데 변치 않는 빅토리아시대의 분위기를 맛볼 수 있는 그 시절 소설 주인공이 '부활'한 것이다. 아니, 그가 살아 있던 시절로 시계를 돌려 그때의 못다 한 이야기를 하나 풀어놓은 것이다. 타임머신처럼.

1880년대 중반 베이커스트리트의 하숙집에 머물며 의뢰인을 기다리던 탐정과 그의 친구 이야기가 다시 시작되었다. 『주홍색 연구』와 『네 사람의 서명』은 동시대를 반영한 이야기였고, 홈스는 과학을 익숙하게 다룰 줄 알아 시대보다 앞선 사람으로 보였다. 《스트랜드》에 연재되었던 『셜록 홈즈의 모험』과 『셜록 홈즈의 회상록』에 수록된 단편소설들은 1890년대 초반에 발표되었다. 몇 년의 시차가 있다고 하더라도 빅토리아시대 런던 사람들의 삶이 크게 바뀌지는 않았으니 동시대성의 연장에서 읽혔다.

그런데 홈스가 죽고 도일이 남아프리카에 다녀온 사이에 시간은 훌쩍 흘렀다. 그런 와중에 여전히 빅토리아시대를 배경으로 한 『바스커빌 가문의 개』가 1901년에 연재되기 시작했다. 거의 20년 가까운 시차가 난다. 현실에서는 자동차가 마차를, 비행기가 배를 서서히 대체하려는 시대에 가스등이 불을 밝힌 런던 시내를 이륜마차가 달리는 풍경이 되살아났다. 심지어 소설 속 무대가 되는 다트무어는 선사시대 유적지가 있는 땅이다. 복고적인 분위기는 더욱 강화되었다. 한때 당대의 가장 반짝였던 모험담이 어느새 좋았던 옛 시절을 떠올리는 이야기가 되었다. 빅토리아 여왕이 재위하고 호텔 수

위가 급한 전보를 나르던 모습. 소설로 읽을 때 상상력이라는 연료를 때워 공포를 극대화하는 『바스커빌 가문의 개』의 첫 연재분이 《스트랜드》에 실리자, 놀랍지 않게도 화제가 되었다. 《스트랜드》는 역사상 처음이자 마지막으로 7쇄까지 찍어야 했다. 사람들이 사무실이 있는 건물을 둘러싸고 줄을 서서 기다릴 정도였다. 셜록 홈스 소설 없이 평균 18만 부였던 잡지의 발행 부수는 30만 부 가까이 수직 상승했다.

『바스커빌 가문의 개』는 어느 평화로운 베이커스트리트의 아침 식사 풍경으로부터 시작한다. 의뢰인은 제임스 모티머. 그는 1742년에 작성된 문서를 하나 꺼내든다. 세 달 전, 데번의 찰스가 세상을 떠났다. 그는 죽기 전 모티머에게 문서를 하나 맡겼는데, 거기에는 배스커빌 가문에 대대로 전해 내려온 전설이 쓰여 있었다. 배스커빌 가문의 조상 중 하나인 휴고는 농부의 딸을 억지로 데려와 가두었는데, 그 여자가 탈출하자 다시 잡아오기 위해 한밤중에 말을 타고 뛰쳐나갔다. 같이 술을 마시던 친구들이 그를 찾아냈을 때는 여자도 휴고도 모두 죽어 있었다. 게다가 덩치가 산만 한 개가 휴고 몸 위에 올라타 그의 목을 물어뜯고 있었다. 이후 배스커빌 가문에는 유난히 많이 때 이른 죽음이 찾아왔다는 저주의 전설이었다. 그리고 그 후손인 찰스도 갑자기 사망해버렸다. 시체에는 공격당한 흔적 같은 것은 없었다. 그는 사망 전 모티머에게 사냥개가 울부짖는 소리가 들린다고 언급한 적이 있었다. 모티머는 독자적으로 조사를 시작했고, 그 결과 무언가를 발견했다.

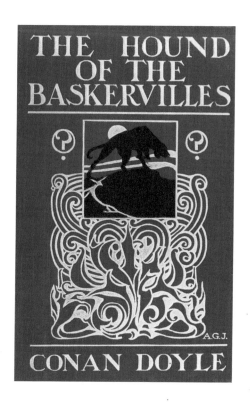

1902년에 출간된 『바스커빌 가문의 개』 초판본 표지

대를 이어 내려오는 배스커빌 가문의 저주에 얽힌 사건들을 풀어나가는 이야기로, 찰스 경의 주치의이자 친한 친구인 모티머가 그의 기괴한 죽음에 의문을 가지고 홈스를 찾아오면서 사건은 시작된다. 이 작품은 홈스가 등장하는 장편소설 네 편 가운데 유일하게 처음부터 끝까지 하나의 사건으로 이야기를 끌고 가며, 셜록 홈스 시리즈 중에서 가장 많이 영화화되었을 뿐 아니라 《르 몽드》 선정 '20세기 100대 책'에 포함되었다. 영국의 소설가 존 파울스는 이 작품을 두고 "독자들에게 수수께끼 같은 갈고리를 던지는 법을 도일보다 더 잘 아는 이는 없다"라고 평가했다.

"(…) 집사는 시신 주변에 다른 발자국은 전혀 없었다고 말했습니다. 다른 것을 전혀 보지 못했던 것입니다. 그러나 저는 보았습니다. 그것은 시신에서 약간 떨어진 위치에, 그러나 아주 선명하게 찍혀 있었지요."

"발자국이?"

"발자국이."

"남자 발자국이었습니까, 아니면 여자 발자국이었습니까?"

모티머 선생은 일순 야릇한 표정으로 우리를 응시했다. 그리고 들릴락 말락 한 목소리로 대답했다.

"홈즈 선생님, 그것은 엄청나게 큰 개의 발자국이었습니다!"

— 『바스커빌 가문의 개』, 38쪽

이 대목을 처음 읽던 때의 으스스함(저주가 사실이었다!)과 공포(살인하는 거대한 개)가 선명히 기억난다. 지금도 "홈즈 선생님, 그것은 엄청나게 큰 개의 발자국이었습니다!"라는 문장은 파블로프 개의 조건반사처럼 심장박동을 빠르게 한다.

이 사건을 수사하기 위해 다트무어로 왓슨이 먼저 떠난다. 홈스는 왓슨에게 신신당부한다. 가설과 의혹에 대해 시시콜콜 이야기하지 말고, 최대한 객관적인 태도로 있는 그대로의 사실을 전해달라고. 이런 신신당부의 말은 예언이다. 왓슨은 가설과 의혹으로 홈스를 괴롭히게 되리라.

이제 나는 런던의 패딩턴역에서 기차를 탄다. 왓슨과 배스커빌 가문의 상속자 헨리도 같은 경로를 택했을 것이다. 영국의 남쪽 구석인 데번으로 간다. 거대한 개의 발자국이 있는 그곳, 다트무어로. 이곳에서는 사람보다 양과 말이 더 많이 눈에 띈다. 말이 차도를 막아서면 비킬 때까지 꼼짝없이 기다려야 한다. 거대한 개의 발자국을 기대한 사람에게는 안타까운 일이지만.

다트무어를 한마디로 설명하면 황무지다. 영국의 추리소설가 P. D. 제임스는 『바스커빌 가문의 개』에 대해 "다트무어의 안개 속에서 폭력과 악의 격세유전을 연구했다"라면서, "뛰어난 지적 능력을 가졌지만 기이한 행동을 해대며 의기양양한 개인주의를 앞세우는 위대한 탐정"이 대대로 전해 내려온 악과 황무지의 위협에 맞서 싸우도록 했다고 평가했다. 이제 황무지는 지리적인 환경을 뛰어넘어 악몽의 무대가 된다.

다트무어의 중심지인 프린스타운에는 다트무어교도소가 있다. 1809년 처음 문을 연 이 교도소는 남자 수감자들이 있는 곳인데, 도일 시대에도 감옥으로 쓰였다. 1805년, 영국이 나폴레옹 군대와 전쟁을 하던 때 프랑스군 포로를 수용하려고 생각해낸 외딴 지역이 바로 다트무어였다. 1806년에 교도소 건설을 시작해 완공에만 3년이 걸렸다. 한때는 수감자가 6000명에 이르렀다고 하는데, 지금은 640명 안팎이다. 이곳은 C등급 교도소인데, 영국의 교도소 분류 시스템에 따르면 A등급이 가장 폭력적인 죄수들을 수용하는 곳이며, D등급이 탈옥이나 폭력 등의 위험성이 거의 없다고 판단한 죄수들을 수용하는 곳으로 되어 있다. 다트무어교도소박물관도 있다. 전쟁 포로들을 수용하기에 좋다고 판단한 이유는 다트무어를 직접 보면 알 수 있다.

프린스타운은 교도소가 처음 만들어질 때만 하더라도 교도관과 교도소에서 일하는 사람들이 주로 살던 곳이었다. 『바스커빌 가문의 개』에도 황무지로 달아난 탈옥수에 대한 이야기가 나오지 않던가. 노팅힐 살인범 셀든을 기억하는지. 『네 사람의 서명』에서 셀든은 이 감옥을 언급한다. 셀든이 다트무어교도소를 탈옥한 뒤 은신했을 법한 장소로 제기되는 곳은 소설가 크리스티의 고향이기도 한 데번의 토키에 있는 켄츠캐번동굴인데, 그 동굴 깊숙한 곳에 홈스와 왓슨의 밀랍 인형이 있으며 정말 으스스하다.

『바스커빌 가문의 개』의 무대로 등장하며 유명세를 얻은 다트무어는 다트무어국립공원의 트레킹 코스를 방문하는 이들이 늘어나면서 관광객을 위한 편의 시설도 생겨났다. 하지만 국립공원의 외딴곳은 여전히 길을 잃으면 얼어 죽을 가능성이 있는 곳이다. 지형지물이 없는 황무지에서는 길을 잃으면 그것으로 끝이다.

다트무어에는 지금으로부터 4000년 전 선사시대에 만들어진 돌집들 5000여 채의 흔적이 발견된 유적지가 있다. 그러니까 도일의 시대보다 4000년 전에 더 많은 사람들이 있었을지도 모르는 동네라는 말이다. 왓슨은 홈스에게 쓴 편지에서 이렇게 설명한다. "이상한 것은 사람들이 가장 척박한 땅이었을 이곳에 그렇게 많이 모여 살았다는 것이네. 내게 역사 취미 같은 것은 없어도, 나는 이곳에 살았던 이들이 평화를 사랑하지만 핍박받는 종족이었던 까닭에 아무도 차지하지 않으려는 땅을 받아들일 수밖에 없었다고 상상한다네." (『바스커빌 가문의 개』, 141쪽) 소설에서는 신석기시대 유적이라고 언급되어 있지만, 사실 이곳은 청동기시대 유적지다. 돌

다트무어

데번카운티 남부에 있는 고원지대로, 선사시대 인류가 거주했던 흔적들이 지금도 남아 있다. 『바스커빌 가문의 개』의 배경지로도 유명한데, 황량한 다트무어는 음울하면서도 불길한 작품 속 사건 분위기와 어우러지면서 이야기에 대한 몰입감을 더욱 높여준다.

집들이 지금은 그냥 돌무더기로 방치되어 있다. 초가지붕이 있었을 것으로 추측되는데, 당연히 그런 지붕은 가장 먼저 풍화되어 사라졌다.

프린스타운 한가운데에는 관광안내소가 있는데, 그곳에서는 『바스커빌 가문의 개』 속 광경을 재현한 듯한 서재는 물론 홈스, 도일의 마네킹과 입간판을 만날 수 있다. 이곳에 이런 것들이 있는 까닭은 한때 도일이 머물렀던 로더치호텔이 있었기 때문이다.

『바스커빌 가문의 개』가 발표되자 새로운 셜록 홈스 소설에 목마른 미국의 출판사들은 저작권 경쟁을 벌였다. 작가 필립 웰러는 2001년 『바스커빌 가문의 개』 발표 100주년을 기념해 소설 속 장소들을 추적한 『배스커빌 가문의 개: 다트무어 전설 사냥』을 썼다. 1901년《스트랜드》8월호에 작품이 처음 실린 것을 기준으로 한 것이다. 이 글에 따르면 프린스타운과 벨레버토어가 소설 속 황무지로 추정된다. 그림펜대늪지는 폭스토어 늪지일 가능성이 높으며 배스커빌 저택은 버크패슬리 근처의 헤이퍼드 저택이나 브룩 매너일 것이다. 헤이퍼드 저택은 프린스타운에서 도보로 세 시간에서 네 시간 정도 걸린다. 대체 이런 장소를 도일은 어떻게 알게 되었을까? 여기서 잠깐, 『바스커빌 가문의 개』의 헌사를 보자.

친애하는 로빈슨에게
나는 자네한테 서부 지방의 어느 전설을 듣고 난 다음에
이 작품을 착상하게 되었네.
그 이야기에 대해, 그리고 그것을 발전시켜나가는 과정에서

다트무어 관광안내소

생각지도 못한 장소에서 도일과 홈스를 만날 수 있는 것 또한 이번 여행의 기쁨이었다. 다트무어 관광안내소 내부에는 『바스커빌 가문의 개』 속 광경을 재현한 듯한 서재와 실물 크기의 도일과 홈스 입간판을 만날 수 있다.

자네가 준 도움에 대해 깊이 감사하네.

—『바스커빌 가문의 개』, 7쪽

그런데 1929년 6월에 출간된 『셜록 홈스 장편소설 전집』의 서문에서 도일은 『바스커빌 가문의 개』와 기자 버트럼 플레처 로빈슨의 상관관계를 약간 다르게 언급했다.

『바스커빌 가문의 개』는 로빈슨이 다트무어에 있는 그의 집 근처에 유령 개가 나온다며 들려준 이야기에서 출발했다. 훌륭한 내 친구인 그의 요절은 세계의 커다란 손실이 아닐 수 없다. 이 소설의 시작은 그가 들려준 이야기에서 비롯되었지만 전체 줄거리와 세부적인 실제 내용은 내가 직접 창작했다는 점을 덧붙여 말해둔다.

이것은 『바스커빌 가문의 개』에 얽힌 크나큰 논쟁과 관련되어 있다. 1901년 초, 도일은 로빈슨과 영국의 해안 도시 크로머에서 휴가를 즐기고 있었다. 다트무어 출신의 로빈슨은 고향에 나타난다는 포악한 검은 개의 전설을 입에 올렸다. 그 이야기가 노포크의 검은 개인지, 웰시 지역의 안내 책자 내용을 언급한 것인지, 다트무어에 살았던 로빈슨 집안의 구전(마치 배스커빌 가문의 전설처럼)인지는 알려지지 않았다.

개와 관련된 괴담은 영국에서 드물지 않다. 영국에서 유령이나 악령 이야기는 검은 개 전승에서 가져온 모티프다. 검은 개는 기본적으로 전원에 속한 유령이며 악마와 관련이 있다거나 지옥에서 온 사냥개의 유령이라는 식으로 이야기되기도 하는데, 검은 개가 나타 난다는 것은 죽음의 징조로 여겨지곤 한다. 하지만 개의 천성이 그러하듯이 곧 주인이나 주인의 집에 위험한 일이 발생할 장소에 모습을 드러내 일어날 재앙을 경고하기도 한다. 이런 긍정적인 뜻이 없다면 영국 이곳저곳에 '검은 개 여관' 같은 상호가 존재하지도 않겠지.

그런데 이런 맥락에서 보면 『바스커빌 가문의 개』는 완전한 괴담으로부터 시작하는 이야기였다. 셜록 홈스 시리즈 초기 단편들이 빅토리아시대 런던의 범죄 관련 실화나 소문 들을 탐정의 모험담으로 각색했던 방식을 다트무어의 황야로 옮겨온 것이었다. 크로머에서 도일은《스트랜드》의 편집자 스미스에게도 셜록 홈스 소설을 쓰는 중임을 알렸다.《스트랜드》를 위해 오싹한 작품을 구상하는 중으로, 제목은 '바스커빌 가문의 개'이며, 로빈슨과 함께 진행해야 하는 관계로 그의 이름도 나가야 한다는 조건을 걸었다. 도일은 로빈슨이 소설의 중심 아이디어와 다트무어의 분위기에 대해 알려주었음을 밝혔다. 그리고 다음 내용을 덧붙였다. 원고료는 1000단어에 50파운드. 진행할 생각이라면 삽화는 패짓에게 맡길 것.

도일은 어머니에게도 이 소식을 알렸다. 편지는 다트무어 프린스타운에서 작성되었다. 셜록 홈스 소설을 위해 황무지를 탐색하고 있다는 내용이다. "아주 멋진 이야기가 될 것 같습니다. 절반 가까이 작업을 끝냈습니다. 셜록 홈스 이야기 가운데 최고가 될 거예요. 엄청나게 극적인 이야기입니다. 로빈슨 덕입니다. 오늘 하루에만 14마일(약 22킬로미터)을 걸어 고단하지만 꽤 기분 좋은 피로를 느낍니다. 아주 멋진 곳이에요. 선사시대 거주지와 이상한 돌기둥, 오두막, 돌무덤이 있는, 매우 슬프면서도 척박한 땅입니다. 예전에는 인구가 많았다고 하는데 지금은 사람 한 명 보기도 힘듭니다."

1901년 4월 말에서 5월 말 사이, 도일은 홈스가 남긴 문서가 있다는 식으로 이야기를 풀어갔다. '셜록 홈스의 또 다른 모험'이라는 부제를 붙이기로 했다. 『바스커빌 가문의 개』는 도일의 이름으로 발표되었다. 하지만 로빈슨은 소설의 '공동' 집필에 대한 주장을 굽히지 않았다. 도일의 친필 원고는 이러한 로빈슨의 주장에 반박하는 증거물이 될 수 있었는데(원고의 필체가 서로 다른 것들이 섞여 있는지), 도일과 홈스의 인기가 너무나 높았던 나머지 한 페이지씩 액자에 넣어 미국 전역의 서점으로 배포되어 사실상 전체 원고를 확인하기가 쉽지 않았다. 그럼에도 가장 문제가 된 소설의 2장 '바스커빌가의 저주'에 등장하는 전설 부분을 포함해 소설은 예외 없이 도일이 쓴 것으로 보인다.

도일은 시간이 흐른 뒤 《스트랜드》 편집자에게 "이야기는 하나의 거대한 유기체이기에 고쳐서 다시 쓰면 생명이 빠져나가버리고 만다. 『바스커빌 가문의 개』는 초고와 《스트랜드》에 실린 내용을 비교해보면 서로 다른 곳은 한두 군데밖에 되지 않는다"라고 밝히기도 했다. 도일의 헌사는 로빈슨이 책에 기여한 바에 충분한 것일까? 그보다 더 큰 명예(공동 작가로 이름을 올리는)가 필요했던 것일까? 도일은 이 소설의 주요한 협력자를 로빈슨이라고 분명히 밝혔지만 그것이 공저자로 인정하는 형태는 아니었다.

한편 『바스커빌 가문의 개』가 《스트랜드》에 연재되던 1902년 1월,

소설 내용에 오류가 많음을 지적하는 글이 《케임브리지 리뷰》에 발표되었다. 글의 제목은 '왓슨 박사에게 보내는 공개서한'이었다. 하지만 이 시기의 도일은 1880년대 후반부터 큰 관심을 가졌던 심령술에 심취해가던 중이었다. 이제 그는 '정말로' 홈스를 부활시킬 예정이며, 홈스 외에도 죽은 존재들과의 대화가 가능하다는 생각을 널리 알리고자 했다. 과학수사의 기반을 닦은 소설 주인공을 만들어낸 의사 출신 작가의 심령술에 대한 강고한 믿음은 대체 어떻게 가능했던 것일까.

새로운 문학 장르의 원형을 구축한 제라르 준장 시리즈와 『잃어버린 세계』

서평가이자 셜로키언 모임인 베이커
스트리트특공대 회원이기도 한 더다
는 『코난 도일을 읽는 밤』에서 '어떤 팬
들'의 의견을 소개한다. 그 말에 따르
면, 도일의 단편집 중 최고작이 나폴레
옹시대 군인의 회고담을 모은 『제라르
준장의 회상』(1896)과 『제라르 준장의
모험』(1903)이라고 한다. 발표 시기를
보면 알 수 있겠지만 이 작품들은 홈
스의 죽음 이후 『바스커빌 가문의 개』
(1902)를 통해 죽기 전에 해결한 사건
을 하나 소개하고, 단편소설 「빈집의
모험」(1903)으로 본격적인 홈스의 부활
을 그려낸 도일이 홈스가 죽어 있는 동
안 자신이 애착을 가졌던 역사소설에

인류 최고의 역사물이라 평가받는 제라르 준장
시리즈의 하나인 『제라르 준장의 모험』 표지

서 자신의 가능성을 마음껏 시험해본 작품이기도 하다. 셜록 홈스 시리즈보다 모험담 성
격이 강한 단편들을 만날 수 있는 『제라르 준장의 회상』의 주인공은 에티엔 제라르 준장
으로, 19세기 나폴레옹 군대의 기병 장교다. 1894년 12월 《스트랜드》를 통해 데뷔한 제
라르 준장은 홈스를 제외한 도일의 주인공 가운데 챌린저 교수와 더불어 인기를 구가하
는 캐릭터이기도 하다.

　제라르가 나폴레옹이 이끄는 프랑스 연합군 소속으로 전쟁이 끝날 무렵에는 여단장 자
리까지 올라갔다고 말하며(곧 사단장 진급을 바라보고 있다고), 젊은 시절에 경험한 모험담을
들려준다는 구성이다. 제라르 준장은 다소 자기도취적인 성격인데, 자신의 모험담을 과
장해 자랑할 기회가 있으면 전혀 마다하지 않으며(그는 여섯 명의 펜싱 사범들과 결투를 벌인
이래 자신의 이름을 누구나 알고 있다고 생각한다), 특히 여성들의 눈에 멋지게 보였으리라 생각
하는 모든 순간마다 그 사실을 강조하기를 잊지 않는다(기병들의 멋진 모습에 눈살을 찌푸릴
여성은 세상에 존재하지 않으리라 단언한다).

첫 번째 단편 「제라르 준장, 음울한 성으로 가다」에서는 열쇠가 없다며 화약통을 전부 날려버려 문제를 해결하는데, 그 결과 자기 자신마저 큰 부상을 입고 쓰러지기도 한다. 자기애가 강하고 눈치가 없는 제라르의 모험담은 현대의 스파이 소설들과 다소간 닮아 있다. 물론 스파이 소설 쪽이 유머 감각으로는 완패하겠지만. 여자들은 제라르와 그의 동료 경기병들을 향해서, 남자들은 그들을 피해서 달렸다는 식의 표현에 묻어 있는 유머를 좋아한다면 『제라르 준장의 회상』은 꼭 읽어봐야 할 책이다. 탄탄한 군사적 고증은 당대에도 이후에도 높은 평가를 받고 있으며, 역사가 오언 더들리 에드워즈는 모든 시대를 통틀어 가장 위대한 역사물 단편 시리즈라고 치켜세웠다. 이 시리즈를 읽어보면, 셜록 홈스 시리즈에서 왓슨의 존재감이 더 두드러지는데, 뛰어난 인물이 자기 자신을 일인칭시점에서 묘사하기 시작하면 최선의 경우에도 사랑스러운 허영덩어리로 느껴지기 때문이다. 그리고 『제라르 준장의 회상』은 그 어려운 최선의 경우를 달성해낸 작품이다.

도일을 이야기할 때 SF 소설도 빼놓을 수 없다. 『잃어버린 세계』는 당대 반향을 불러일으켰던 진화론을 바탕으로 한 작품이다. 도일이 1912년에 발표한 『잃어버린 세계』의 주인공은 챌린저 교수로, 화자는 런던 《데일리 가제트》의 기자 에드워드 멀론이다. 소설은 스물세 살인 네드가 청혼하려던 여성에게서 우정을 깨지 말라는 거절의 말과 함께 스스로 기회를 만들어가는 모험가가 이상형이라는 말을 듣는 것으로 시작된다. 모험이 필요하다는 생각에 사로잡힌 그에게 '현대의 뮌히하우젠'(실존 인물로, 사기꾼 여행가와 허풍선이의 대명사로 일컬어진다)이라고 불리는 이에게 망신을 주라는 임무가 떨어진다. 상대는 바로 유명한 동물학자인 챌린저 교수로, 영국박물관에서 일하다 사람들과 잘 어울리지 못해 사직한 뒤 동물학 연구를 계속해온 이였다. 그는 2년 전 혼자 남미 탐험을 다녀왔는데, 그에 대해 좀처럼 입을 열지 않자 사람들은 그를 거짓말쟁이로 몰아갔다. 네드는 성격이 불같은 챌린저 교수를 만나게 되는데, 그에게 설득당하고 만다. 챌린저 교수는 미국인 예술가가 남긴 스케치북에서 괴수 그림을 발견한 사실을 네드에게 알리고, 그림 속 거대 동물의 진위를 확인하기 위해 해부학자, 탐험가와 팀을 꾸려 남미로 떠난다. 그 동물을 찾으려는 모험도 모험이지만, 챌린저 교수의 불같은 성격이야말로 소설의 볼거리가 된다.

강철처럼 진실하고
칼날처럼 곧게

에든버러 유령 투어

에든버러에 세 번째 갔을 때 로열마일에 있는 유령 투어 부스를 찾았다. 관광안내소에서 받은 유령 투어 전단지만도 다섯 종이었는데, 낮이 아닌 밤을 즐기는 관광 코스였다. 기분 탓인지도 모르겠지만 실제로 스코틀랜드 여행에서 가장 재미있는 이야깃거리는 전부 죽음, 유령, 요정과 관련된 것들이다. 심지어 그중 일부는 역사적 사실에 근거한다.

프랑스의 여왕인 메리 1세는 첫 번째 남편이었던 프랑수아 2세가 즉위 1년 만에 사망하자 스코틀랜드로 돌아와 1565년 단리 경과 결혼했다. 단리 경은 메리 1세와 극심한 권력 다툼을 했는데, 그중 잘 알려진 것이 홀리루드하우스궁전의 유명한 관광 명소가 된 다비드 리초의 핏자국 자리로 상징되는 사건이었다. 스코틀랜드 왕이 되려는 야심을 이루기 위해 단리 경은 1566년 만삭이던 아내의 눈앞에서 그녀의 비서이자 악사였던 리초를 잔인하게 살해했다. 이듬해 단리 경이 교살되면서 이 암투극은 막을 내렸지만, 핏자국을 둘러싼 이야기는 지금까지도 관광객을 불러들인다.

　스코틀랜드에서 유령과 마녀, 요정에 대한 이야기는 기이한 일이 아니다. 스코틀랜드를 배경으로 한 셰익스피어의 『맥베스』 초입에도 세 마녀가 등장해 맥베스에게 예언을 한다. 전근대여서 마녀의 예언을 진지하게 다루었을 가능성도 있으나, 스코틀랜드는 마녀 이야기가 많은 곳이니 지역색을 살린 설정이었다. 스코틀랜드 하일랜드를 여행하다 보면 독특한 지형으로 인해 작은 언덕이 연속적으로 등장할 때마다 요정이 사는 언덕이라고 가이드가 설명하는 일이 흔하고, 작은 돌무덤이 많은 곳 역시 요정의 소행이라는 농담 반 진담 반의 설명을 들을 수 있다. 한국 등산로의 작은 돌무덤을 떠올려보라. 사람들은 누군가가 돌을 몇 개 겹쳐놓은 것을 발견하면 까닭은 생각하지도 않고 그 위에 돌을 몇 개 더 쌓는다. 무너지지 않는 돌무덤은 소원 성취의 작은 토템이 된다. 나는 언젠가 라디오 프로그램에서 등산 중 배변이 급해 볼일을 본 뒤 흙과 돌로 덮어놓고 올라갔

에든버러 유령 투어

에든버러에서는 유령 투어가 큰 인기를 끌고 있다. 생뚱맞지만 흡혈귀 분장을 한 여자 가이드부터, 신사 유령의 모습을 한 남자 가이드까지 각양각색의 코스튬이 즐비해 가장무도회를 보는 기분이 들 정도다. 에든버러의 유령 투어는 한두 해의 일이 아닌데, 영국의 작가 토머스 뉴트는 「잉글랜드와 스코틀랜드 여행에 관한 자연적, 경제적, 문학적 전망과 고찰」이라는 문헌에 1785년 이미 홀리루드에서 경험한 '시체 투어'를 적어놓았다. 온갖 유령들이 나타났다는 이야기가 가이드의 입에서 흘러나오는데 아내와 권력투쟁을 하다가 교살된 단리 경의 유령은 꽤 인기 있는 등장인물이며, 미라가 된 록스버러 백작 부인의 유령을 보았다는 목격담도 전해진다.

다가 내려오는 길에 보니 그 분묘 무덤 위에 사람들이 계속 작은 돌을 쌓아두었더라는 이야기를 들은 적이 있다. 같은 일이라 하더라도 어떻게 해석하는가의 문제가 이렇게 다르다.

유령 투어는 시내 곳곳의 유명인 동상과 옛 에든버러에서 있었던 살인 사건이나 처형과 관련된 장소들을 찾아다니는데, 로열마일에서 시작해 온갖 클로스를 빠져나가는 길로 이어진다. 가이드는 손전등을 들고 이동하지만 으슥한 곳에서는 사람들을 세워두고 불을 끈 채 으스스한 분위기를 조성하며 이야기를 들려주기도 한다. 하이스트리트라는 말에 걸맞게 고지대에 있는 올드타운에는 지하 공간이 많은데, 천장이 낮은 지하에서는 가난한 사람들이 살았고 지금도 여전히 묻혀 있던 공간들이 새로 발견되기도 한다나. 그런 설명을 들으며 좁은 계단을 따라 지하로 내려간다. 이렇게 공개된 지하들은 한국식의 '지하에 있는 집'이 아니라 거의 동굴 같은 공간이다. 그래서 무서운 사람은 들어가지 말라고 사전에 경고도 한다. 당신에게 무슨 일이 생겨도 책임지지 않겠다면서. 지하에 안 들어가는 사람은 한 명도 없지만, 빨리 빠져나가려는 사람들은 여럿 있다. 안으로 들어갈수록 천장이 낮아져 허리를 곧게 펴기 어려울 정도이며, 방처럼 보이는 공간들도 있다. 그리고 그 안의 가장 깊은 곳에서…… "이제부터 불을 끄겠습니다. 발밑을 조심하세요"라고 한다. 그 직전까지 가이드가 손전등을 자기 턱 아래에서 비추고 있었으니(귀신놀이 할 때처럼), 차라리 끄는 것이 나았던 것 같기도.

여기서 다시 한번 말해두자면 에든버러의 날씨는 종잡을 수가 없다. 나는 여름보다는 겨울에 더 자주 방문했는데, 비가 내리지 않는 날을 찾기 어려울 정도였다. 맑다가 비가 오기 시작하는 타이밍을 예측할 수 없다고 느낄 때가 많았는데, 흔히 말하는 쌀쌀하고 습한 날씨를 좋아하는 나로서는 싫을 일이 없었으나 유령 투어를 하다가 비가 또 내리기 시작할 때는 약간 겁이 나기도 했다. 비 자체가 문제 는 아니었다. 비가 내리면 땅이 질척거린다. 올드타운의 길은 돌로 깔려 있기 때문에 문제가 없었지만, 유령 투어를 위해 공동묘지에 들어가자 이야기가 달라졌다. 신발이 질척거리는 땅으로 미묘하게 빨려 들어가는 듯한 상태에서, 캄캄한 공동묘지 안으로…… 숙소로 돌아가서야 나는 내가 천으로 된 흰 운동화를 신고 갔음을 알고 땅 을 치고 후회했다.

내가 유령 투어에서 가장 좋아했던 장소는 그레이프라이어스교 회 앞마당의 공동묘지였다. 일단 이 장소와 관련된 감동적인 이야 기를 먼저 하고 넘어가는 것이 좋겠다. 그레이프라이어스교회 근처 에 있는 스코틀랜드박물관 옆길에는 작은 개 동상이 서 있다. 에든 버러의 경찰 존 그레이가 기르던 개 보비는 주인이 죽어 그레이프 라이어스교회의 공동묘지에 묻히자 14년이나 그 무덤 곁을 지켰다 고 한다. 보비 동상의 코를 만지면 행운이 온다는 미신 때문에 코 부 분만 반질반질한데, 지금은 동상을 만지는 일이 금지되었다.

그레이프라이어스 공동묘지에서 유령 출몰과 관련해 가장 유명 한 곳은 조지 매켄지 경의 무덤이다. 종교 갈등이 극에 달했던 17세 기 찰스 1세 시대의 스코틀랜드. 장로교를 믿는 스코틀랜드에서 성 공회로의 개종을 단행한 찰스 1세의 뜻을 충실히 이행한 사람이 매 켄지였다. 장로교를 믿는 사람들을 거침없이 피의 숙청으로 이끌었

그레이프라이어스교회 공동묘지

올드타운 중심부에 있는 곳으로, 에든버러 출신의 조앤 K. 롤링이 이곳의 묘비에 쓰인 이름들을 해리 포터 시리즈에 가져다 썼다고 알려져 더욱 유명해졌다. 그런 이유로 이 공동묘지에서 가장 유명한 무덤은 볼드모트의 무덤이다. 1802년 트리니다드에서 스물세 살의 나이로 사망한 토마스 리들의 무덤. 이 공동묘지에서 발견할 수 있는 익숙한 이름들은 더 있다. 해리 포터 시리즈의 팬들에게 익숙할 성이 적힌 묘비의 주인들 이름은 다음과 같다. 로버트 포터, 윌리엄 맥고나걸, 엘리자베스 무디, 마가릿 루이자 스크림저 웨더번. 맥고나걸의 묘비 바로 뒤에는 조지해리엇스쿨로 이어지는 문이 있는데, 이 학교가 호그와트에 영감을 주었다는 이야기가 있다는 점을 감안하면 한밤중 이곳에서는 유령이 나타나는 것이 아니라 호그와트 수업이 열릴지도 모를 일이다.

던 매켄지는 '블러디 매켄지'로 악명을 떨쳤는데, 그레이프라이어스교회는 그가 고문을 자행한 장소였다. 간수들은 죄수를 마음대로 폭행할 수 있었고, 사망한 죄수들은 목을 잘라 교회 앞 쇠꼬챙이 모양의 문에 꽂아두었다. 그는 자신이 무수한 사람들을 죽게 한 공동묘지에 묻혔으며, 그의 무덤은 비석만 있는 식이 아니라 작은 건물 형태로 묘mausoleum를 조성했는데, '블러디 매켄지의 묘'라고 부른다. 유령이 나온다는 소문이 많은 이 무덤은 당연히 10대 소년들의 담력 시험의 무대가 되었다. 죽어서도 편히 쉬지 못하는 그의 유령이 손으로 긁은 자국이나 흔적들이 보인다나.

초자연적인 존재를 믿는 것과 과학적인 태도를 견지하는 것이 어떻게 공존할 수 있을까. 도일은 1880년대 후반부터 빠져들기 시작한 심령술에 꾸준히 관심을 기울였다. 홈스는 증거를 바탕으로 사고하는 합리주의자이지만 동시에 결과를 끌어내기 위해 직관이나 추론도 적절히 이용한다. 『바스커빌 가문의 개』에서 홈스는 기이하고 충격적인 범죄의 전모를 이성으로 해결해냈다. 앞서 우리는 도일이 논리적인 추리력으로 따지면 홈스와 유사한 실력자였음을 실제 사건들을 통해 이야기했다. 하지만 도일은 삶의 마지막 10여 년간 실제 범죄를 해결하기 위해 모은 자료를 영매의 손에 넘기곤 했다. 그는 나름대로 영매를 신중하게 시험해보고 철저하게 선택했다고 알려졌지만, 애초에 영매라니.

그렇게 영매의 손으로 넘어간 사건 중 하나는 유명한 작가와 관련된 것이었다. 또 하나의 전설적인 탐정 캐릭터인 푸아로를 만들어낸 크리스티가 사라진 사건이었다. 그는 버크셔 자택에서 사라졌는데, 그의 자동차가 길드퍼드에서 약 8킬로미터 떨어진 곳에 버려진 채로 발견되었다. 경찰들이 크리스티의 행방을 찾지 못하자 경찰서의 지서장은 도일에게 도움을 구했다. 아마 그가 기대한 것은 에달지 사건 때와 같은 대처였으리라. 현장에 가 탐문 조사를 하고, 발자국을 찾아다니며 단서를 모으리라 예상했겠지. 하지만 도일은 크리스티의 남편에게 실종자의 장갑을 하나 달라고 했다. 남편이라는 자는 크리스티 실종의 주요 원인으로 지목되던 사람으로, 당시 외도를 해 그녀와 사이가 소원한 상태였다.

반스는 『용감한 친구들』에서 이후의 상황을 이렇게 그렸다. 살인자일지도 모르는 사람에게서 실종자의 장갑을 얻어낸 도일은 그것을 영매에게 보냈다. 영매는 여자가 있는 곳을 찾겠다며 장갑을 자기 이마에 올려놓았다. 또 다른 이야기에 따르면 크리스티의 차가 버려진 곳이 기차역 근처라는 데 착안해, 크리스티가 기차를 타고 이동해 향했을 후보지를 짚었다. 실제로 그 근처 마을에 머물고 있었다고. 히스토릭 UK 웹사이트(historic-uk.com)에 있는 정보에 따르면, 도일이 당시 크리스티 실종 사건과 관련해 경찰의 협조 요청을 받았고 실종자의 장갑을 요청한 것까지는 알려진 사실이다.

심령술 전도사가 된 도일

"왓슨, 이 사건의 의미는 무엇일까?"

홈즈는 서류를 내려놓으며 엄숙하게 말했다.

"이 모든 고통과 폭력과 불행에는 어떤 목적이 있는 것일까? 이 사건에는 어떤 존재 이유가 있을 걸세. 그렇지 않다면 이 세계는 우연이 지배한다는 것인데, 그건 도저히 있을 수 없는 일이거든. 하지만 그 목적이 무엇일까? 그것은 인간의 이성으로는 답하기 힘든 문제일세."

—「소포 상자」, 『홈즈의 마지막 인사』, 백영미 옮김, 황금가지, 106쪽

「소포 상자」 말미에 등장하는 홈스의 이 한탄은 인간이 종교를 믿는 이유를 잘 보여준다. 성경의 「욥기」 역시 마찬가지라는 점을 기억하자. 신이 존재한다면 왜 인간은 고통을 겪는가? 지은 죄의 대가로 벌을 받는 것이라면, 왜 어린아이나 선량한 사람도 고난에 휘말리는가. 그에 대한 답을 찾기 위해 종교에 기대는 사람들도 있다. 가족의 종교를 따르는 이가 있고, 기성종교에 회의를 느껴 신흥종교에 빠져드는 사람도 있다. 여기까지는 어떤 종교든 신의 존재를 긍정하는 사례다. 종교적 관점에서 대체로 고난은 신성하고 고결한 목적이 담긴 신의 신호와 같은 것이다. 고난은 궁극적 구원으로 이어질 것이다. 하지만 신의 존재를 아예 부정하는 이들도 있다.

앞서 이야기했듯이, 도일은 스토니허스트에서 학창 시절을 보내며 종교에 회의적인 태도를 가지게 되었고, 포츠머스에 살았을 때는 심령술 모임에 자주 얼굴을 비추었다. 『주홍색 연구』를 발표한 해인 1887년에는 심령론을 다루는 《빛》에 다음과 같은 내용을 기고한 적도 있다. "모든 구하는 자는 현상은 목적을 위한 수단에 지나지 않음을 명심해야 한다." "죽음 이후의 삶이 있다는 확신을 준

다. 우리는 역겨운 동물적 감정을 개선하고 더 높고 고상한 충동을 가꾸어나가 죽음 이후를 준비해야 한다."

도일은 죽음 이후의 삶이 있다고 믿는 유사 과학인 심령주의를 신뢰했으며, 산 사람들이 죽은 사람의 혼과 소통하는 모임인 교령회에 참석했다. 이상한 말이지만, 이것은 그의 과학적인 태도의 결과였다. 증거가 있다면 믿는다. 이후 요정 사진 사건도 비슷하게 전개된다. 문제는 그 증거라는 것이 사기술의 결과일 수 있다는 것이다. 교령회에서 무언가를 볼수록 도일은 그것에 대해 알고 싶어 했고, 계속 자료를 찾아볼수록…… 유튜브 영상을 보고 지구가 평평하다고 믿는 현대인들처럼 자신이 믿는 것이 그만한 가치가 있다고 생각했다. 심지어 그 믿음에 열정적이었다. 사기꾼들이 연출한 가짜 교령회를 검증해 '진짜' 교령회의 신뢰도를 높이려는 시도를 했다.

레키는 오랫동안 도일의 심령술에 대한 관심에 회의적인 입장이었는데, 동생이 전사하면서 그 입장이 바뀌고 말았다. 강령회에서 동생의 유령과 소통했다고 믿게 된 그녀는 도일의 심령 연구를 위한 여행에 동참했다. 두 사람은 1920년 오스트레일리아, 1922년과 1923년 미국, 1928년 남아프리카공화국 등지로 8만 킬로미터 이상을 여행했고, 도일은 심령론과 관련한 가장 인기 있는 연사가 되어 25만 명 이상의 사람들을 만났다. 그는 심령술을 세상에 알리며 영향력을 발휘하고 싶어 했다.

도일이 이렇게까지 적극적으로 된 데에는 아들의 죽음이 큰 영향을 끼친 것으로 보이지만 그것이 전부는 아니었다. 1914년 제1차 세계대전이 발발했을 때, 도일은 자원해서 의용군이 될 단체를 발족했다. 그는 취재를 위해 최전방으로 떠나기도 했고 『프랑스와 플랑드르에서의 영국의 군사작전』이라는 여섯 권짜리 책을 집필하기도 했다. 책 집필 내내 군 당국은 비협조적이었고 대중과 비평가들에게서 호응이 없었다. 그리고 수많은 죽음이 있었고, 결정적인 죽음이 있었다. 1918년 아들 킹슬리가 솜 전투에서 부상을 당한 뒤 폐렴으로 스물여섯 살에 세상을 떠난 것이었다. 아들이 죽기 직전 그는 심령술에 관한 「새로운 계시」라는 브로슈어를 만들어 전국 투어를 다녔고, 킹슬리가 사망한 날 밤에도 강연을 했다고 알려져 있다. 도일은 강연이 끝나고서야 영안실을 찾았다. 그는 당시 상황을 이렇게 적었다. "아내의 형제…… 내 여형제의 남편, 아내의 조카, 내 여형제의 아들, 모두 죽었다." 1919년 2월에는 도일이 포츠머스에서 함께 살며 아들처럼 돌본 동생 이네스가 폐렴에 걸려 벨기에에서 사망하고 말았다. 1920년에는 그의 정신적 지주였던 어머니가 세상을 떠났다.

21세기 기준에서는 한없이 이상해 보일지 모르지만, 19세기의 심령술은 지금과는 다소 다른 양상을 띠었다. 1840년대부터 영국 북부에서 생겨난 강신교회는 노동자계급 최초의 사회주의운동이었다. 옥스퍼드대학에서 영문학을 전공했으며, 최연소로 심령연구학회 회원이 된 로저 클라크가 쓴 『유령의 자연사』는 당시 시대상을 이해하는 데 참고할 만한 좋은 책이다. 클라크에 따르면 강신주의는 많은 경우 여성 투표권, 생체 해부 반대와 같은 반체제주의와 연결되었다. 그런데 같은 강신술이 런던에서는 다른 성격을 띠었다. "부유층의 살롱, 공기가 샴페인처럼 가벼웠던 피카딜리호텔, 푹

심령술에 심취한 도일

19세기 중반에서 20세기 초반 심령술에 대한 지식인들의 강고한 믿음은 역설적이게도 사진술의 발달이 촉매제 역할을 했는데, 그들은 육안으로 확인할 수 없었던 영적인 존재를 포착해내는 사진술에 매료되었다. 그중에서도 심령술에 대한 도일의 신념은 지나칠 정도였다. 그는 심령술에 관한 책을 스무 권가량 썼으며, 국제심령학자회의에서 회장을 맡기도 했다. 심령술 신봉자로 전락한 도일에 대한 과학계와 종교계의 조롱이 쏟아졌고, 독자들은 이성과 과학의 화신으로 여겨지던 홈스를 창조해낸 작가의 달라진 모습을 보며 당혹스러움을 감추지 못했다.

신한 가구가 놓인 하이드파크의 레지던스 그리고 뮤직홀의 외설적인 공연이 성황리에 열렸던 이스트엔드 거주지에서, 교령회는 크게 한 가지로 정의될 수 있었는데, 바로 섹스였다. (…) 교령회가 열리던 방에서 피부끼리 스치는 일이 빈번하게 이뤄지면서, 신체적 밀착은 교령회 과정의 일부분이었다. 추파, 의식이 고양된 상태, 홍분."(로저 클라크, 『유령의 자연사』, 김빛나 옮김, 글항아리, 234쪽) 나는 이와 유사한 이야기를 다큐멘터리 〈비크람: 요가 구루의 두 얼굴〉에서도 본 적이 있다.

교령회와 강령회는 같은 뜻인데, 영매의 개입으로 망자와 소통을 하는 모임을 뜻한다. 그런데 한번 생각해보면 그 자체가 인식이 변화한 결과였다. 아주 오랫동안 죽은 자는 집에서 쫓아낼 대상이었지 집으로 불러들일 대상이 아니었다. 강령회의 목표는 공포도 저주도 아닌 망자와의 소통이었다. 강령회를 창안해낸 캐나다 출신 자매 매기와 케이트 폭스는 1848년 뉴욕 하이즈빌에 있는 집에서 유령에게 질문을 던진 뒤 답으로 알파벳 문자 또는 예, 아니요라는 답을 노크 소리로 대답해달라는 형식을 만들어냈다. 이들은 크게 인기를 끌어 전 세계적인 쇼를 기획하고 흥행으로 이끈 P. T. 바넘(그의 일대기가 〈위대한 쇼맨〉이라는 영화로 만들어지기도 했다)의 주요 사업장이었던 뉴욕의 아메리칸뮤지엄에서 점쟁이로 나오기도 했다. 회의론자들은 위원회를 조직해 그들이 소리를 만드는 도구를 가지고 있지 않은지 속옷까지 검사했다. 두 소녀는 문맹이나 마찬가지였는데, 이후 과학의 이름으로, 전문직에 종사하던 중산층 남자들이 이들의 팔다리를 끈으로 결박한 뒤 몸을 샅샅이 만져 검사했다. 그럼에도 강신술에 대한 인기는 식지 않았다.

빅토리아시대의 강령회는 상류층 문화의 일부였고, 거기에는 다수의 지식인이 포함되어 있었다. 어떤 일에든 열정적이었던 도일은 심령술에 대한 책을 모두 섭렵했고, 그 과정에서 접한 정보들을 토대로 심령술에 대한 믿음을 공고히 해나갔다. 그는 입증된다면 믿어야 한다고 생각했다. 예를 들어 요정이 찍힌 사진이 있다면 요정이 있다고 믿는 식이었다. 도일은 아들 킹슬리의 유령이 함께 찍힌 사진을 얻게 된다. 더 유명하고 심각한 일은 '코팅글리 요정 사진' 사건이었다. 도일은 조작된 코팅글리 요정 사진을 요정이 실제로 존재하는 증거라고 믿었다. 사진의 진위 여부를 따지는 대신에 사진의 존재가 진실이라는 증거라고 생각해버린 것이다. 사진술이라는 새로운 기술로 심령체 사진을 찍으면 심령이 과학이 된다고 여겼다. 도일만 그랬던 것은 아니었다. 과학과 종교를 결합해 설명하려는 시도는 찰스 다윈 이후 강하게 자리 잡기 시작했다.

도일은 어머니의 영혼을 보았고, 아들의 영혼과 대화를 했으며, 동생의 영혼을 만났다. 그는 심령술에 대한 내용으로 자서전을 마무리 지을 만큼 신뢰했다. 게다가 1916년부터 1930년까지 『심령주의의 역사』와 『미지의 가장자리』를 비롯해 심령주의를 다룬 책을 열세 권 출간했으며, 심령술 책을 취급하는 서점도 열었다. 『요정의 도래』라는 책도 썼다. 요정, 날개 달린 조그만 존재들 말이다. 도일의 요정 사랑과 심령술에 대한 신뢰는 어딘가 으스스할 정도다.

도일은 건강 악화를 무릅쓰고 강연을 다녔다. 그러다가 마술사 해리 후디니와 만나게 된다. 후디니는 한때 심령술을 믿었으나 나

코팅글리 요정 사진 사건

1917년 두 소녀가 웨스트요크셔 코팅글리의 계곡 주변에서 이리저리 뛰어다니는 요정들의 사진을 찍었다고 주장해 큰 파문이 일었다. 도일은 그 사진을 보고 요정의 존재를 곧바로 믿었다기보다는 사람들이 지적한 의문점에 대한 반박 증거를 모으는 데 애썼다. 1983년에 사진을 찍은 당사자 중 한 사람이 책에서 오린 요정 사진을 세워둔 것이라고 고백하면서 뒤늦게 진상이 밝혀졌다.

중에는 그 트릭을 밝히기 위해 노력했고, 심령술사가 하는 방식을 스스로 재현해내기도 했는데, 정작 도일은 그 일이 후디니의 영적 능력을 증명하는 것이라고 생각했다. 영적 능력을 가지고 있으면서 거부하고 있다고 말이다. 한때 심령술을 매개로 가까웠던 두 사람이 적대적이 된 사건이 있었다. 1922년 애틀랜틱시티에서 후디니를 만난 도일과 레키는 강령회를 열었다. 영매로도 활동했던 레키(도일의 아내 말이다)가 후디니의 어머니 혼령과 접촉을 시도했다. 레키는 자동기술법으로 15페이지에 달하는 후디니 어머니의 메시지를 적었는데, 현장에서는 감동받은 듯했던 후디니가 이후 심령술을 전혀 믿지 않는다며 어머니가 영어를 거의 못했는데 무슨 수로 문법에 맞게 영어로 이야기할 수 있느냐며 비아냥거렸다.

조지 5세를 비롯하여 윈스턴 처칠 같은 도일의 오랜 팬들은 절망했다. 가장 절망스러운 부분은 이 모든 일을 자초한 사람이 도일 자신이라는 데 있었다.

도일이 만들어낸 불사의 마법

도일 사후의 삶은 1930년 7월 7일 아침에 시작되었다. 7월 1일, 그는 영매와 그 관련자들이 재판을 받게 되자 그들을 돕기 위해 건강이 안 좋은데도 런던에 다녀왔다가 상태가 악화되었고, 끝내 일어나지 못했다. 그의 나이 일흔한 살이었다.

반스는 『용감한 친구들』의 작가 후기에서 도일이 사후에 전 세계

도일의 장례식

도일은 심령술 강연 도중에 삼장마비로 쓰러졌다가 끝내 회복하지 못하고 가족들이 지켜보는 가운데 7월 7일에 숨을 거두었다. 그의 장례식은 윈들섬의 장미 정원에서 조촐하게 치러졌다. 도일이 세상을 떠나기 이틀 전에 이런 말을 남겼다고 하는데, 그의 삶을 관통하는 말로 이보다 더 적절한 표현은 찾기 힘들다. "나는 수없이 모험을 했다. 이제 가장 크고 멋진 모험이 기다리고 있다."

의 강령회에 모습을 드러냈다고 적었다. 도일의 가족은 그중 1937년에 있었던 오스본 레너드 부인의 비공개 강신회만을 인정했다. 도일이 기독교도가 아니었기에 매장 장소에 대한 논란이 일기도 했다. 그의 시신은 1930년 7월 11일 자택 윈들섬의 장미 정원에 묻혔다가, 나중에 아내 레키와 함께 햄프셔의 뉴포레스트에 있는 민스테드교회의 묘지로 이장되었다. 그의 묘비명에는 '강철처럼 진실하고 칼날처럼 곧게'라는 말이 새겨졌다.

강철처럼 진실하고
칼날처럼 곧게
아서 코넌 도일
기사, 애국자, 외과의사, 작가

홈스의 작가가 사후세계를 믿어 세계 강연을 다닌다는 것은 좋은 놀림감이었고, 청중과 기자들은 언제나 다음 홈스 소설을 기다리고 있었지만, 사실상 마지막 책인 『셜록 홈즈의 사건집』의 소설들은 앞선 작품들에 못 미친다. 빅토리아 여왕이 서거한 직후 『바스커빌 가문의 개』를 통해 20여 년 전의 세계를 그리운 마음으로 돌아보는

도일의 무덤
도일은 자택의 장미 정원에 묻혔다가 민스테드교회의 묘지로 이장되었다. 살아생전 그의 명성과 달리 다 스러져버린 무덤 앞에 외로이 묘비명만이 자리를 지키고 있다. 그의 묘비명에 새겨진 글귀처럼 그는 "강철처럼 진실하고 칼날처럼 곧은" 삶을 살다 갔다.

일은 가능했을지 몰라도, 제1차 세계대전 이후에 그런 낭만주의는 더 이상 기능하지 않았다. 『셜록 홈즈의 사건집』에 수록된 단편 「쇼스콤관」과 미국 소설가 대실 해밋의 하드보일드 소설 『붉은 수확』은 발표 시기가 1년 정도밖에 차이 나지 않는다.

하드보일드 소설을 대표하는 탐정 캐릭터 중 하나인 필립 말로를 탄생시킨 미국의 범죄소설 작가 레이먼드 챈들러는 『심플 아트 오브 머더』에서 도일이 전체 스토리를 무너뜨리는 실수를 범했음에도 선구자로 남았고, 홈즈는 특유의 태도와 불멸의 대사로 기억된다고 적으면서도 이른바 탐정소설의 황금시대 작가들이 실망스럽다고 적었다. 그리고 그 유명한 하드보일드 선언문과도 같은 문장을 썼다. "예술이라 불리는 모든 것에는 구원의 요소가 있다. 그것은 순수한 비극일 수도 있고, 동정과 아이러니일 수도 있고, 강한 남자의 거친 웃음일 수도 있다. 그러니 이 비열한 거리에서 홀로 고고하게 비열하지도 때 묻지도 않고 두려워하지도 않는 남자는 떠나야 한다. 리얼리즘 속의 탐정은 그런 사람이어야 한다. 그는 히어로이다. 그는 모든 것이다. 그는 완전한 남자여야 하고, 평균적인 사람이면서도 동시에 평범하지는 말아야 한다."(레이먼드 챈들러, 『심플 아트 오브 머더』, 최내현 옮김, 북스피어, 34쪽)

세상이 변했다. 자동차로 이동하는 시대에 기차 시간표를 들여다보고 이륜마차를 타는 이야기는 더 이상 유효하지 않게 되었다. 범죄자들은 언제 어디서든 오고 언제 어디로든 갈 수 있게 되었다. 경찰도 발전했다. 한스 그로스가 1893년 최초의 표준 과학수사 책을 낸 이래로 영국경찰청의 과학수사 기법은 자리 잡아가고 있었다.

말년의 도일

의사이자 작가, 심령술 전도사로서 홈스 못지않게 드라마틱한 삶을 살다 간 도일. 그의 말년
은 지금도 유튜브를 통해 확인할 수 있는데, 영상 속에서 그는 나지막하면서도 세속을 초월한
듯 인생의 이치를 읊조린다.

유튜브에서는 지금도 도일의 1927년 인터뷰 영상을 볼 수 있다. 그는 1929년 협심증 진단을 받았고 1931년 세상을 떠났으니, 이 영상에는 그의 말년이 담겨 있다. 개와 함께 걸어 나와 의자에 앉아 홈스에 대한 이야기로 시작해 심령술을 언급하고, 말을 마치면 벗어둔 모자를 다시 쓰고 개의 머리를 쓰다듬고는 돌아서서 개와 함께 집으로 들어간다. 이 뒷모습을 지금도 볼 수 있다.

SF 소설 작가 아서 C. 클라크는 "충분히 발달한 과학기술은 마법과 구별할 수 없다"라고 했다. 도일은 심령술을 믿고 그 증명을 찾기 위해 노력했다. 하지만 그가 만들어낸 불사의 마법은, 바로 그의 창조물이 증명해냈다. 죽지도 잊히지도 않는, 1885년 즈음의 런던 베이커스트리트 221B번지의 하숙집에 머무는 홈스와 그의 충실한 벗 왓슨이. 도일이 좋아했든 좋아하지 않았든 간에. 그런 생각을 하면 조금 웃게 된다.

타이태닉호를 둘러싼 도일과 쇼의 논쟁

도일은 온갖 문제에 대해 글을 썼다. 홈스처럼 자신의 관찰과 추론에 자신감을 갖고 있었던 데다 열정적이었던 만큼, 정말이지 온갖 것에 대한 글을 썼는데 그중 일부는 그다지 지적이지 않았다.

도일은 타이태닉호 침몰 사건과 관련한 글도 썼다. 아일랜드 태생의 영국 극작가이자 비평가, 소설가인 쇼가 먼저 발표한 글에 대한 반박 글이었다. 쇼는 영국 언론이 '난파선 소설'을 쓰고 있다고 비난했다. '여자와 아이 먼저'라고 알려진 원칙은 사실이 아니었으며, 배와 운명을 함께한 선장은(스스로에게든 다른 선원에게든) 총을 쏴 상황을 종료시키려 했고 그의 실책이야말로 사건의 원인이었으며, 항해사들이 침착하게 승객들을 인도하는 대신 공포의 조력자 정도였다는 것이다. 끝으로 그 유명한 악단이 마지막까지 연주를 했다는 사실 역시 삼등실 승객에게 침몰 상황을 제대로 알리지 않았던 선장의 결정의 연장

아일랜드 출신의 극작가이자 비평가인 쇼

선으로 봐야 하는 것으로, 결코 영웅적인 행위가 아니라는 주장도 있었다.

이에 대해 도일은 반박 글을 썼다. 쇼가 주장을 뒷받침하기 위해 근거로 든 구명정은 가장 작은 것 한 척뿐이었으며, 그 배에 남자 열 명과 여자 두 명이 타고 있었던 것은 사실이지만 그다음 배에는 70명의 승객 중 65명의 여성이 타고 있었다고 말이다.

선장에 관해서라면 그의 잘못을 두둔하는 사람은 있지도 않으며, 그나마 그에 대한 호의적인 의견이 있다면 그것은 잘못을 만회하기 위해 구명조끼를 내놓고 자기 때문에 위험에 처한 이들을 구하기 위해 끝까지 애썼다는 정도라는 것이다. 항해사들이 의무를 다하지 않았다는 주장 역시 사실과 다르며, 악단의 연주가 쇼의 주장대로 공황 상태를 막기 위한 것이었다 하더라도 음악가들의 영웅적 행위를 깎아내릴 근거가 되는 것은 아니라고 했다.

당연하게도 쇼 역시 다시 반박 글을 썼다. 그는 다시 한번 자신의 주장을 반복한 뒤 선장은 실수를 한 것이 아니라 빙하 항해에 치명적일 수 있는 위험한 상황임을 알고도 도박을 했고 그 결과 배가 침몰했다고 주장했다. 그리고 이렇게 적었다.

> 영웅적 행위란 특별히 숭고한 인물에게서 나온 특별히 훌륭한 행동입니다. 특별한 상황이 그러한 행위를 유발하기도 하고, 연민과 공포, 죽음과 파괴, 어둠과 대행원으로 행위의 극적인 효과가 높아지기도 합니다. 하지만 그런 상황은 부수적일 뿐 행위 그 자체는 아닙니다. 그런데도 그런 척하는 것은 세상을 놀라게 한 불행을 고무적인 성취로 둔갑시킴으로써 도덕의 가치를 떨어뜨리는 짓입니다.
> —『A. 코난 도일: 셜록은 셜록』 285쪽

생존자들의 이야기가 추가로 보도되면서 도일보다는 쇼의 주장이 타당하다는 사실이 드러났을 즈음, 도일은 불필요하게 다른 사람에게 상처를 줄 필요가 없다는 고상한 말로 논쟁을 끝맺었다. 심지어 자신이 초기에 한 말을 뒤집는 말을 나중에 썼음에도 신경 쓰지 않았다. 피어슨은 자신의 책에서 이 논쟁을 소개한 뒤 이렇게 글을 맺었다. "독자들은 신경 쓰지 않았다. 왜냐하면 99퍼센트의 독자들이 쇼와 함께 옳은 편을 택하느니 도일과 함께 틀리는 편을 택했기 때문이다."(『A. 코난 도일: 셜록은 셜록』 287쪽)

1912년 4월 10일에 출항했다가 4월 14일에 빙산과 충돌하면서 침몰한 타이태닉호

언젠가는 진실이
밝혀질 테니까

도일은 한평생 분주하게 살았다. 그는 읽기를 좋아해서 썼고, 돈을 벌기 위해 썼고, 자신의 신념을 알리기 위해 썼다. 도일은 엄청나게 빨리 썼고, 언제나 쓰고 싶은 글이 있었다. 죽음의 문턱을 넘었을 때 그는 자신이 믿던 사후세계에 갔을까. 그런 곳은 없다고 생각하는 내가 있지만, 만일 그가 신념의 장소에 도달했다면 그 이야기를 얼마나 글로 써서 알리고 싶을까 생각하곤 한다. 도일은 더 읽히고 싶은 글과 사람들이 써내라는 글 사이에서 갈등한 베스트셀러 작가였다.

그의 말년을 어떻게 평가해야 할까. 과학적 사고를 하는 탐정을 만들어놓고 죽였다 살렸다 하더니 심령술 전도사가 되었다는 사실을 어떻게 받아들여야 할까. 하지만 오히려 과학적 사고를 했기 때문에 도일은 심령술이 믿을 만하다고 생각했던 듯 보인다. 홈스의 표현을 빌리면 이렇다. "저의 오래된 좌우명은 불가능한 것을 배제하고 남는 것이 바로 진실이라는 것입니다. 그것이 아무리 믿어지지 않는 사실이라고 해도 말이지요."(「녹주석 보관」, 『셜록 홈즈의 모험』, 백영미 옮김, 황금가지, 455쪽) 자신이 설득되는 증거가 제시된다면, 그것을 믿는 것이 과학적인 태도라고.

모순적인 일은 그것만이 아니다. 도일에 대한 많은 글은 홈스를 아끼는 이들에 의해 쓰였는데, 도일을 옹호하기 위해 루이자와의 결혼은 우정에 가까운 것이었고 레키가 진짜 사랑이었다는 식의 설명도 드물지 않았다. 그와 동시에 도일은 두 결혼 모두에서 무척 가정적인 사람으로 묘사되곤 하는데, 가정적이라는 말의 뜻이 내가 아는 것과 같다면 첫 번째 결혼에 대해서는 부족함이 있다.

모순은 또 있다. 이성을 통한 정의 실현에 딱 부러지던 도일이 왜 영국의 식민지배에 대해서는 비판의 날을 세우지 않았을까.

그리고 영원히 읽히고 재창조되는 홈스가 있다. 영국 드라마 〈셜록〉의 인기는 셜록 홈즈 시리즈와 홈스를 연기한 컴버배치 모두에게 전환점이 되었다. 홈스는 빅토리아시대의 영웅이 아니라 동시대의 존재가 된 것이다. 크리스티의 소설들이 드라마화될 때, 원작이 쓰인 시대를 재현하는 시대극이 되는 경향이 있다면, 셜록 홈즈 시리즈는 미국 드라마 〈엘리멘트리〉와 영국 드라마 〈셜록〉이 잘 보여주었듯이 핵심적인 요소만 잘 유지하면 누구나 이 이야기의 고유성을 받아들일 수 있음을 증명했다. 그 핵심 요소란 홈스와 왓슨이다. 상반되나 함께 있을 때 상호 보완적인 성격. 무례할 정도로 초면인 사람에 대한 정보를 알아맞히는 홈스의 통찰력도 빼놓을 수는 없다.

심지어 이 시리즈 최고의 악당인 모리아티 교수, 홈스의 형 마이크로프트 그리고 유일하게 비중 있는 여성 캐릭터인 애들러는 조연임에도 불구하고 그 존재감이 남다른데, 그들 모두 현대로 옮겨와도 그 역할을 충분히 할 수 있다는 장점이 있었다. 빅토리아시대의 인물들이지만, 어느 시대에서도 그들 자신일 수 있는 캐릭터들이다. 도일의 천재성은 거기에 있다.

'빅토리아시대의 분위기'는 셜록 홈스 시리즈의 인기 비결로 언제나 강조되지만, 사실 캐릭터만 있으면 이 이야기는 언제 어느 시대에도 존재할 수 있다. 그래서 수많은 작가들이 홈스를 주인공으로 한 새로운 이야기를 써냈다. 『셜록 홈즈의 증명』은 한국을 배경으로 한 셜록 홈스 패스티시 소설 단편집이다. 합정동 베이커 오피스텔 221B번지에 사무실을 낸 홈스가 궁금하다면 읽어보기를 바란다. 미치 컬린의 『셜록 홈즈, 마지막 날들』은 영화 〈미스터 홈스〉로 만들어지기도 했는데, 홈스의 말년을 상상한 패스티시 소설이다. 헤더 W. 페티의 『Mr. 홈즈 Miss 모리어티』는 두 앙숙을 10대로 재해석한 캠퍼스물이고 『셜리 홈스와 핏빛 우울』은 다카도노 마도카가 현대의 런던을 배경으로, 홈스와 왓슨 두 사람을 여성으로 재해석한 소설이다. 일본에서는 〈미스 셜록〉이라는 드라마를 통해 여성 홈스와 여성 왓슨 이야기를 만들기도 했다. 원작 셜록 홈스 시리즈는 남성들의 호모 소셜이 무엇인지 잘 보여주는 이야기들이었다면, 최근 각색되는 부분은 어떻게 여성의 역할을 시리즈에 불어넣을지에 중점이 있는 듯하다.

셜록 홈스 패스티시 소설은 세상에 많고 많은데 읽을 때마다 놀라게 되는 것은 앞서 강조한 핵심 요소를 가지고 있음에도 불구하고 원작을 읽을 때 같은 흥분이 없다. 충분히 재미있다고 생각하는 순간에조차 도일의 셜록 홈스 시리즈를 527번째 읽던 때보다 맥이 빠진다. 대체 왜일까. 도일이 그렇게까지 공을 들여 창작한 시리즈도 아니었는데 말이다. 그것이 바로 도일이라는 사람이 지닌 특유의 진정성이 아니었을까. 그는 모든 소설을 공들여 썼다. 읽기를 사랑했고, 쓰기 또한 열정의 대상이었다. 도일은 작품 발표에도 정성을 기울였다. 모험소설과 역사소설을 진지하게 생각했다고 해서 추리소설을 경시했다는 뜻은 아니다. 그에게 진심이 아닌 글은 없었다. 아마도 그게 비극이었을지도 모른다. 진정성을 표현하는 수단으로 글을 대했기에, 말년의 도일에게는 오로지 심령술에 대해 쓰고 말할 시간밖에 남지 않았다.

셜록 홈스 시리즈의 마지막 책인 『셜록 홈즈의 사건집』에서 도일은 이제 홈스에게 작별을 고하자고 서문에 썼다. "홈즈의 귀환이 근심스러운 인생사를 잊는다든가 아니면 생각을 전환하여 삶에 활력을 얻는다든가 하는, 낭만이라는 요정들의 왕국에서나 가능한 형태로 이루어졌기를 바랄 뿐이다."(『셜록 홈즈의 사건집』, 9쪽) 하지만 나는 적절한 작별의 인사로, 홈스의 마지막 말을 택하고자 한다. 이미 한 번 죽었다 살아난, 이미 한 번 죽였다 살린 창조자와 피조물은 이제 너그러운 웃음과 함께, 마치 다음 페이지에 이야기가 이어지기라도 할 것처럼 우리에게 말을 건넨다. 그들의 작별 인사다.

"왓슨, 그 사건을 문서철에 잘 끼워놓게. 언젠가는 진실이 밝혀질 테니까."(「은퇴한 물감 제조업자」, 『셜록 홈즈의 사건집』, 백영미 옮김, 황금가지, 430쪽)

셜록 홈스 시리즈가 진열된 영국의 서점

이번 기행을 다닐 때마다 혹시 모르는 책이 더 있을까 싶어 서점을 열심히 돌아다녔다. 셜록 홈스 시리즈에도 나오는 피카딜리의 카페로열 근처에 해처드서점이 있다. 1782년에 문을 연 이곳의 1층은 작가들의 서명이 있는 초판본을 비롯해 귀중한 책들을 볼 수 있는 곳이다. 셜록 홈스박물관 부근에 자리한 돈트북스는 여행 관련 서적들로 가득한 방대한 서가가 눈길을 잡아끌며, 천장이 유리로 되어 있어 마치 온실 같은 분위기를 풍긴다. 지금은 사라져버린 서점이지만, 레스터스퀘어에서 도보로 10분이 채 안 걸리는 곳에 추리소설 전문점인 머더원이 있었다. 신간뿐 아니라 헌책도 취급했으며, 도일 시대의 것은 아니었지만 《스트랜드》의 실물을 그곳에서 본 기억이 있다.

Top shelf

SHERLOCK HOLMES — 24 CLASSIC SHORT STORIES — CONTAINING: A Scandal in Bohemia, The Red-Headed League, The Speckled Band, The Final Problem & Many More... — SIR ARTHUR CONAN DOYLE — PRION

SHERLOCK — 24 CLA... — SIR

CONAN DOYLE — *The Adventures of Sherlock Holmes and The Memoirs of Sherlock Holmes*

ARTHUR CONAN DOYLE — THE HOUND OF THE BASKERVILLES — A STUDY IN SCARLET — THE SIGN OF FOUR

SHERLOCK — SELECTED BY OTTO PENZLER — OVER 80 STORIES STARRING THE GREATEST DETECTIVE OF ALL TIME — HEAD OF ZEUS

SHERLOCK HOLMES'S LONDON — ROSE SHEPHERD — CICO BOOKS

SHERLOCK HOLMES'S LONDON — ROSE SHEPHERD — CICO BOOKS

THE BEST OF SHERLOCK HOLMES — A.C. DOYLE

The Rivals of SHERLOCK HOLMES — NICK RENNISON

TALES OF TWILIGHT AND THE UNSEEN • ARTHUR CONAN DOYLE

ADVENTURES OF SHERLOCK HOLMES — SIR ARTHUR CONAN DOYLE

SHERLOCK — THE SIGN OF FOUR — SIR ARTHUR CONAN DOYLE

Bottom shelf

THE FOUR JUST MEN — Edgar Wallace

PAUL TEMPLE EAST OF ALGIERS — Francis Durbridge

THE WORLD OF TIM FRAZER — Francis Durbridge

PAUL TEMPLE and the FRONT PAGE MEN — Francis Durbridge

BAT OUT OF HELL — Francis Durbridge

THE TYLER MYSTERY — Francis Durbridge

PAUL TEMPLE INTERVENES — Francis Durbridge

YESTERDAY'S PAPERS — Martin Edwards

C.S. FORESTER — PLAIN MURDER — 'A master storyteller'

THE PURSUED

THE FEMALE DETECTIVE

BRAINQUAKE • SAMUEL FULLER

RED HARVEST • Dashiell Hammett

THE CONTINENTAL OP • DASHIELL HAMMETT

여러 판본이 존재하는 셜록 홈스 시리즈

코넌 도일 문학의 키워드

01 빅토리아시대

1837년 6월 20일부터 1901년 1월 22일까지 빅토리아 여왕의 치세 기간을 일컫는 말로, 대영제국의 자부심이 최절정에 달하던 시기였다. 정치적으로는 자유당과 보수당의 양당 의회정치가 자리 잡았고, 철도 개통, 전화, 전신, 무선 통신 등의 개설, 증기선 운항 등이 이 시기에 이루어졌다. 다윈의 『종의 기원』(1859) 역시 이 시기에 출간되었다. 이 시기에 활동한 소설가들로는 브론테 자매, 디킨스, 새커리, 캐럴 등이 있으며, 탐정소설 역시 이 시기에 급속하게 발전했다. 도일은 후기 빅토리아시대를 작품에 잘 담아낸 작가로 평가받는다.

1915년 무렵의 런던

02 어머니

어머니는 도일이 하는 숱한 모험의 지지자였으며, 동반자였고, 그가 책임져야 하는 가장 중요한 사람이었다. 도일은 어릴 적 어머니가 들려주는 낭만적인 모험 이야기에 빠져 살았는데 이때의 경험이 후에 작품을 쓰는 데 자양분이 되었다. 도일의 가족은 아버지가 정신병원에 장기 수감되기 전부터 경제적으로 어려움을 겪었다. 하지만 도일은 어머니의 헌신으로 학업을 이어갈 수 있었다. 어머니가 아니었다면 그는 공부를 계속하지 못했을 가능성이 높기에 의사 또한 되지 못했을 것이다. 그렇다면 환자가 오지 않는 병원을 지키고 앉아 셜록 홈스 시리즈를 쓰는 일 또한 일어나지 않았을 것이다. 도일은 어렸을 때부터 "제가 어른이 되면 벨벳으로 지은 옷에 금테 안경을 끼고 난로 옆에서 편안하게 지내실 수 있게 해드릴게요"(『아서 코난 도일 자서전』 15쪽)라고 말하곤 했으며, 훗날 소설가로서 성공하면서 그 말을 지켰다.

03 독서

도일은 열성적인 독서가였다. 그가 좋아한 책에 대한 글만 묶어 『마법의 문을 지나』라는 책이 출간될 정도다. 이 작품에는 에드워드 기번의 『로마제국 쇠망사』와 매콜리의 『역사 비평집』을 필두로, 포와 스티븐슨의 소설에 대한 언급이 쉬지 않고 이어진다. "우중충한 날이 오고 비가 내리는 날이 오면 여러분은 언제나 여러분의 관심을 끌기 위해 그토록 참을성 있게 기다리는 가치 있는 책들로 독서의 틈바구니를 채우도록 내몰릴 것이다"(『마법의 문을 지나』 29쪽)라는 말은 언제나 책을 곁에 두고 벗 삼는 이라면 누구라도 공감할 것이다.

04 스포츠

도일은 볼링, 권투, 크리켓, 축구, 골프 등 다양한 스포츠를 즐겼다. 학창 시절을 비롯해 거주지를 옮겨 다니거나 일 혹은 휴가를 위해 숱하게 여행을 다닐 때에도 그는 스포츠 덕분에 현지의 사교계에 쉽게 섞여 들어갈 수 있었다

05 셜록 홈스

"내 이름은 셜록 홈스. 다른 사람들이 모르는 것을 알아내는 것이 내 일이지요."(비브 크루
트, 『인포그래픽: 셜록』 문지혁 옮김, 넥서스, 54쪽) 셜록 홈스 시리즈가 인기가 좋은 이유 중 하나
는 분명, 탐정소설을 쓰고 읽는 이들이 한눈에 반할 만한(그리고 다소 자의식과잉처럼 보이기도
하는) '명대사'가 많기 때문일 것이다. "이 세계에서 무엇을 했는지는 별로 중요하지 않네.
문제는 어떻게 하면 무슨 일을 했다고 사람들을 믿게 만들 수 있느냐지"(『인포그래픽: 셜록』
78쪽) 같은 문장 역시 마찬가지다. 작품을 읽다 보면 홈스는 범죄자의 심리를 꿰뚫어 보는

1911년 《스트랜드》 3월호에
게재된 홈스의 활약상

역발상의 천재처럼 느껴지곤 한다. 흥미로운 점은 독자들은 서술자인 왓슨을 따라 홈스가 주목하는 것에 똑같이 주목한다는 점이다. 하지만 보는 것과 관찰하는 것이 다르기에, 즉 '제대로 보기'에 실패하기 때문에 퍼즐을 푸는 일도 실패하고 만다.

06 생계형 작가

글은 곧 돈이다. 도일은 글을 쓰기 시작하던 때부터 그렇게 생각했고, 자신의 글을 받아 주는 곳이 나올 때까지 열성적으로 원고를 보냈다. 그는 글쓰기가 자신이 읽어온 책에 더 가까이 가는 방법이면서도 그것이 '부수입'을 올릴 수 있는 방법임을 분명히 인식하고 있었다. 그러다가 『주홍색 연구』와 『네 사람의 서명』의 성공으로 이름을 알리기 시작하고, 1892년에 출간한 단편집 『셜록 홈즈의 모험』으로 부와 명성을 거머쥐게 된다. 이후 도일은 오롯이 창작 활동에만 전념하는 전업 작가의 길을 걷기 시작한다.

07 심령술

도일과 홈스의 팬들에게 도일의 심령술을 향한 애정은 큰 오점처럼 여겨지지만, 정작 도일에게는 진정한 열의의 대상이었다. 종교에 회의적이었던 그가 심령술을 종교처럼 '믿은' 것은 아니었고, 자신이 충분히 검증했다고 판단했기에 심령술을 다른 사람들에게도 알리고자 했을 뿐이었다. 죽기 직전까지 했던 활동도 심령술과 관계된 사람들이 법적으로 처벌받는 일을 막으려는 노력이었다. 미국을 비롯해 해외 강연을 다니면서 어떤 비판이나 놀림의 대상이 되는지 알았을 텐데도, 도일은 자신의 신념을 꺾지 않았다.

도일 뒤에 찍힌 유령의 모습(1920)

코넌 도일 생애의 결정적 장면

1859 도일이 태어나다

5월 22일, 도일은 계급의식이 강한 빅토리아시대에 스코틀랜드 에든버러의 중산층 가정에서 태어난다. 하지만 점점 부양가족이 많아지고 아버지가 알코올에 중독되면서 곤궁하게 살아가지만, 자식들의 교육에 소홀히 하지 않은 어머니 덕분에 학업을 지속할 수 있었다.

1868 랭커셔의 유명한 예수회 학교 스토니허스트의 예비학교인 호더플레이스에 입학하다.

1870 스토니허스트에 입학하다.

1876 에든버러대학에서 의학을 공부하다

의과대학으로 유명한 에든버러대학에 들어간 도일은 현대적 의미의 과학수사에 도움이 되는 식물학, 화학, 해부학 등을 익히게 되었고, 이때 학습한 내용들을 작품에 녹여냈다. 의사 시험을 준비하던 그의 삶은 벨 박사를 만나면서 전환점을 맞이하게 된다. 관찰과 추론을 통한 벨 박사의 진찰과 수업 방식에서 영감을 얻은 도일은 훗날 홈스라는 캐릭터를 만들어낸다.

대학 졸업 무렵의 도일(1881)

1880 포경선 희망호에서 선의로 일하며 북극해까지 항해하다.

1881 에딘버러대학을 졸업한 뒤 여객선 마윰바호의 의료 담당자가 되어 아프리카로 떠나다.

1882 포츠머스에 병원을 개업하다

도일은 플리머스에서 포츠머스로 이사해 병원을 연다. 하지만 정작 손님들이 없는 나날이 이어지면서 그 시간에 소설을 쓰거나 크리켓과 축구 등 각종 스포츠클럽에서 활약하기도 하고 포츠머스문학과학협회의 연사로 활동하기도 한다. 그러다가 사람들과 초자연 현상에 관해 이야기하다 점차 심령술에 빠져 강령회에 참석하기 시작한다.

1885 루이자와 결혼하다.

1887 《빛》에 심령술에 관한 글을 기고하다.

1887 셜록 홈스 시리즈의 서막을 열다

도일은 홈스와 왓슨의 운명적인 만남을 그린 『주홍색 연구』를 완성해 출판사에 투고한다. 하지만 대부분의 출판사들은 철저한 관찰과 박학한 지식과 논리적인 추리에 근거한 새로운 형식의 탐정소설에 의구심을 품고 출판을 거절한다. 결국 도일은 《비턴의 크리스마스 연감》에 헐값으로 저작권을 팔아넘긴다. 이 잡지의 특집호에 『주홍색 연구』가 실리지만 당시에는 큰 인기를 끌지 못했다.

『주홍색 연구』초판본 표지(1888)

1889	역사소설 『마이카 클라크』를 출간하다.
1890	두 번째 셜록 홈스 장편소설 『네 사람의 서명』을 발표하다.
	안과 전문의 교육을 받기 위해 오스트리아 빈으로 떠나다.
1891	셜록 홈스 시리즈의 첫 단편소설인 「보헤미아 왕국 스캔들」을 《스트랜드》에 발표
	하다. 잇달아 「신랑의 정체」 「빨간 머리 연맹」 「보스콤 계곡 사건」을 《스트랜드》에
	게재한다.
1892	단편집 『셜록 홈즈의 모험』을 출간하다.
1893	심령연구협회에 가입하다.

1893 「마지막 사건」을 발표하다

도일은 홈스로 인해 자신의 삶이 송두
리째 흔들릴지도 모른다는 불안감에 셜
록 홈스 시리즈를 끝내기로 마음먹는다.
「마지막 사건」에서 홈스는 범죄계의 나
폴레옹이라고 불리는 모리아티 교수를
없애기 위해 자신의 목숨을 기꺼이 내놓
는다. 모리아티 교수와 몸싸움을 하다가
폭포 아래로 떨어진 홈스의 시신을 찾지
도 못하게 한 도일 때문에 이 작품은 발
표되자마자 엄청난 파문을 불러일으켰
는데, 당시 도일의 집에는 팬들의 항의
와 협박이 담긴 수천 통의 편지가 왔다
고 한다.

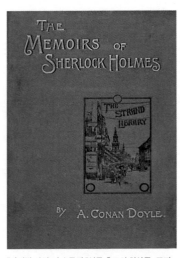

「마지막 사건」이 수록된 『셜록 홈즈의 회상록』 표지

1896	모험소설 『제라르 준장의 회상』을 출간하다.
1897	레키와 사랑에 빠지다.

1900 보어전쟁에 참전하다

보어전쟁은 남아프리카에 이주한 네덜란드계 이민자 보어인과 그 지역을 차지하려는 영국 간의 전쟁으로, 여기서 승리한 영국은 남아프리카 지역을 식민지로 삼게 된다. 도일은 영국 청년들의 입대를 장려했으며, 의료봉사단에 합류해 남아프리카공화국으로 간다. 그리고 이 경험을 바탕으로 역사서 『보어전쟁』을 펴낸다.

제국주의가 낳은 참상, 보어전쟁

1900 식민지 확대를 주장하는 보수정당인 자유통일당 후보로 에든버러센트럴에 출마하지만 낙선하다.

1901 홈스가 공식적으로 죽은 「마지막 사건」 이전을 배경으로 하는 『바스커빌 가문의 개』의 연재를 시작하다.

1902 기사 작위를 받다

도일은 영국이 전 세계에 식민지를 건설하는 것이 인류 문명을 발전시킬 수 있는 가장 좋은 방법이라 생각했기에 남아프리카에 영국 식민지를 건설하기 위한 보어전쟁이 정당하다고 여긴다. 그리고 자신의 이러한 생각을 담은 팸플릿 「남아프리카 전쟁의 원인과 경과」를 집필해 출판한다. 에드워드 7세는 보어전쟁에서 활약한 도일의 공 등을 높이 사 기사 작위를 수여한다.

1903 홈스의 귀환을 알리는 작품 「빈집의 모험」을 발표하다

도일은 여러 소설을 발표하지만 셜록 홈스 시리즈만큼의 반응을 얻지 못하자 결국 시체도 찾을 수 없을 만큼 매몰차게 죽인 홈스를 부활시켜 시리즈를 이어갈 것을 공식적으로 알린다.

「빈집의 모험」에 실린 패짓의 삽화

1905 단편집 『셜록 홈즈의 귀환』을 출간하다.

1907 레키와 재혼하다.

1912 괴짜 천재 과학자인 챌린저 교수를 주인공으로 하는 『잃어버린 세계』를 출간하다.
쇼와 타이태닉호 사건으로 논쟁을 벌이다.

1913 장편소설 『독가스대』를 출간하다.

1914 제1차 세계대전이 발발하자 의용군 단체를 조직하다.

1915 셜록 홈스 시리즈의 마지막 장편소설 『공포의 계곡』을 출간하다.

1917 셜록 홈스 시리즈의 단편집 『홈즈의 마지막 인사』를 출간하다.
심령술 공개 강연을 시작하다.
코팅글리 요정 사진 사건을 옹호하는 글을 발표하다.

1919 공개적으로 심령술 운동을 지지하다

도일은 가족들을 먼저 떠나보낸 상실감으로 괴로워한다. 그리고 그러한 고통 속에서 심령술에 의지하기 시작한다. 1893년 포츠머스에서 지낼 때 심령연구협회에 가입하여 심령술에 대한 관심을 드러냈으나 1918년 아들을 잃고 1년 후인 1919년에야 공개적으로 심령술운동을 지지하기 시작한다. 그리고 진위조차 불분명한 요정 사진을 옹호하고 영매를 통해죽은 이들을 만났다고 이야기하자 사람들은 당혹감을 감추지 못하고 그의 변화를 조롱거리로 삼는다.

1923년에 열린 국제심령학자회의에 참석한 도일

1920   어머니의 죽음으로 큰 충격을 받다.

1922   심령주의 서적 『요정의 도래』를 발표하다.

1924   자서전 『회상과 모험』을 내놓다.

1926   챌린저 교수 시리즈의 장편소설 『안개의 땅』을 출간하다.
        『심령주의의 역사』를 발표하다.

1927   『마법의 문을 지나』를 출간하다.
        셜록 홈스 시리즈의 단편집인 『셜록 홈즈의 사건집』을 내놓다.

1928   남아프리카공화국으로 심령술 강연 여행을 떠나다.

1930   강연 도중 쓰러져 생사를 헤매다가 7월 7일 윈들섬의 자택에서 심장마비로 세상을 떠나다. 자택의 장미 정원에 묻혔다가 민스테드교회 묘지에 이장된다.

참고 문헌

셜록 홈즈 전집 1~9, 백영미 옮김, 황금가지, 2002.

『주홍색 연구』, 셜록 홈즈 전집 1

『네 사람의 서명』, 셜록 홈즈 전집 2

『바스커빌 가문의 개』, 셜록 홈즈 전집 3

『공포의 계곡』, 셜록 홈즈 전집 4

『셜록 홈즈의 모험』, 셜록 홈즈 전집 5

『셜록 홈즈의 회상록』, 셜록 홈즈 전집 6

『셜록 홈즈의 귀환』, 셜록 홈즈 전집 7

『홈즈의 마지막 인사』, 셜록 홈즈 전집 8

『셜록 홈즈의 사건집』, 셜록 홈즈 전집 9

셜록 홈스 전집 단편집 세트, 이은선, 권도희, 이경아 옮김, 엘릭시르, 2016.

『셜록 홈스의 회상록』

『셜록 홈스의 모험』

『셜록 홈스의 귀환』

『셜록 홈스의 마지막 인사

『셜록 홈스의 사건집』

셜록 홈스 전집 장편 세트, 이은선, 권도희, 이경아 옮김, 엘릭시르, 2016.

『주홍색 연구』

『네 사람의 서명』

『바스커빌 가문의 사냥개』

『공포의 계곡』

도일, 아서 코넌, 『J. 하버쿡 젭슨의 진술』, 송기철 옮김, 북스피어, 2014.

도일, 아서 코넌, 『마라코트 심해』, 이수현 옮김, 행복한책읽기, 2004.

도일, 아서 코넌, 『마법의 문을 지나』, 지은현 옮김, 꾸리에, 2008.

도일, 아서 코넌, 『북극성호의 선장』(전자책), 박선경 옮김, 현인, 2014.

도일, 아서 코넌, 『셜록 홈즈: 바스커빌 가문의 개』, 남명성 옮김, 펭귄클래식코리아(웅진), 2010.

도일, 아서 코넌, 『셜록 홈즈: 주홍색 연구』, 남명성 옮김, 펭귄클래식코리아(웅진), 2009.

도일, 아서 코넌, 『아서 코넌 도일 자서전』, 김진언 편역, 현인, 2020.

도일, 아서 코넌, 『안개의 땅』, 이수경 옮김, 황금가지, 2003.

도일, 아서 코넌, 『잃어버린 세계』, 이수경 옮김, 황금가지, 2003.

도일, 아서 코넌, 『제라르 준장의 회상』, 김상훈 옮김, 북스피어, 2015.

도일, 아서 코넌, 『코난 도일의 사건수첩1: 검둥이 의사』(전자책), 이창민 옮김, 바른번역(왓북), 2014.

도일, 아서 코넌, 『코난 도일의 사건수첩2: 딱정벌레 채집가』(전자책), 이창민 옮김, 바른번역(왓북), 2014.

도일, 아서 코넌·파크, 사이먼, 『코넌 도일의 말』, 이은숙 옮김, 마음산책, 2016.

계정민, 『범죄소설의 계보학: 탐정은 왜 귀족적인 백인남성인가』, 소나무, 2018.

그레이, 존, 『불멸화위원회』, 이후, 2012.

김용언, 『범죄소설: 그 기원과 매혹』, 강, 2012.

녹스, 로널드, 『셜록 홈즈 문헌 연구』(전자책), 한국추리작가협회 엮음, 한스미디어, 2014.

더다, 마이클, 『코난 도일을 읽는 밤』, 김용언 옮김, 을유문화사, 2013.

던대스, 재크, 『위대한 탐정 셜록 홈즈: 탄생의 비밀과 불멸의 삶』, 처음북스, 2016.

데이비스, 데이비드 스튜어트 외, 『셜록 홈즈의 책』, 이시은, 최윤희 공역, 지식갤러리, 2015.

만델, 에르네스트, 『즐거운 살인』, 이동연 옮김, 이후, 2001.

바야르, 피에르, 『셜록 홈즈가 틀렸다』, 백선희 옮김, 여름언덕, 2010.

반스, 줄리언, 『용감한 친구들1·2』, 다산북스, 2015.

손택, 수전, 『은유로서의 질병』, 이재원 옮김, 이후, 2002.

시먼스, 줄리언, 『블러디 머더: 추리 소설에서 범죄 소설로의 역사』, 김명남 옮김, 을유문화사, 2012.

양자오, 『추리소설 읽는 법: 코넌 도일, 레이먼드 챈들러, 움베르토 에코, 미야베 미유키로 미스터리 입문』, 이경민 옮김, 유유, 2017.

와이너, 에릭, 『천재의 발상지를 찾아서』, 노승영 옮김, 문학동네, 2018.

윌슨, 콜린, 『인류의 범죄사』, 전소영 옮김, 알마, 2015.

유제설·정명섭, 『셜록 홈스 과학수사 클럽』, 와이즈맵, 2018.

존슨, 스티븐, 『바이러스 도시』, 김명남 옮김, 김영사, 2008.

챈들러, 레이먼드, 『심플 아트 오브 머더』, 최내현 옮김, 북스피어, 2011.

체스터튼, G. K., 『못생긴 것들에 대한 옹호』, 안현주 엮고 옮김, 북스피어, 2015.

코널리, 존·버크, 디클런, 『죽이는 책』, 김용언 옮김, 책세상, 2015.

크루트, 비브 『인포그래픽 셜록』, 문지혁 옮김, 큐리어스, 2019.

클라크, 로저, 『유령의 자연사』, 김빛나 옮김, 글항아리, 2017.

피도, 마틴, 『셜록 홈즈의 세계』, 백영미 옮김, 황금가지, 2016.

피어슨, 헤스케드, 『A. 코난 도일: 셜록은 셜록』, 김지연 옮김, 뗀데데로, 2018.

Doyle, A. C., *On the Unexplained*, London: Hesperus Press Limited, 2013.

Doyle, A. C., *Sherlock Holmes: The Complete Novels and Stories: Volumes I and II*(Kindle Edition), New York: Bantam Classics, 2003.

Doyle, A. C., *Tales of Adventure and Medical Life*, London: Alma Classics LTD, 2015.

Doyle, A. C., *Tales of Terror and Mystery*(Kindle Edition), Amazon.com Services LLC, 2012.

Doyle, A. C., *Tales of Terror and Mystery*, London: Alma Classics LTD, 2015.

Doyle, A. C., *Tales of Twilight and the Unseen*, London: Alma Classics LTD, 2014.

Doyle, A. C., *The Complete Brigadier Gerard Stories*, Edinburgh: Canongate Books, 2010.

Doyle, A. C., *The Great Keinplatz Experiment and Other Tales of Twilight and the Unseen*(Kindle Edition), Amazon.com Services LLC, 2011.

Doyle, A. C., *The Tragedy of the Korosko*, London: Alma Classics LTD, 2015.

Bechtel, S., Stains, L. R., *Through a Glass, Darkly: Sir Arthur Conan Doyle and the Quest to Solve the Greatest Mystery of All*(Kindle Edition), New York: St. Martin's Press, 2017.

Booth, M., *The Doctor and The Detective: A Biography of Sir Arthur Conan Doyle*(Kindle Edition), New York: Minotaur Books, 2013.

Boström, M., *From Holmes To Sherlock: The Story of the Men and Women Who Created an Icon*(Kindle Edition), New York: Mysterious Press, 2017.

Christopher, J., *The London of Sherlock Holmes*(Kindle Edition), Stroud: Amberley Publishing, 2013.

Fox, M., *Conan Doyle for the Defense: How Sherlock Holmes's Creator Turned Real-Life Detective and Freed a Man Wrongly Imprisoned for Murder*(Kindle Edition), New York: Random House, 2018.

Fox, M., *Conan Doyle for the Defense: How Sherlock Holmes's Creator Turned Real-Life Detective and Freed a Man Wrongly Imprisoned for Murder*(Kindle Edition), New York: Random House, 2018.

Grann, D., *The Devil and Sherlock Holmes*(Kindle Edition), New York: Vintage; Reprint edition, 2010.

Kirov, B., *Arthur Conan Doyle: Quotes & Facts*, Blago Kirov, 2014.

Lellenberg, J., Stashower. D., Foley, C., eds., *Arthur Conan Doyle: A Life in Letters*(Kindle Edition), New York: Harper Perennial, 2009.

Lycett, A., *The Man Who Created Sherlock Holmes: The Life and Times of Sir Arthur Conan Doyle*(Kindle Edition), New York: Free Press, 2007.

Miller, E., Jordison, S., *Literary London*, London: Michael O'Mara Books Limited, 2016.

Miller, R., *The Adventures of Arthur Conan Doyle: A Biography*(Kindle Edition), New York: Thomas Dunne Books, 2008.

Redmond, C., *Sherlock Holmes Handbook: Second Edition*(Kindle Edition), Toronto: Dundurn, 2012.

Redmond, C., Andriacco, D., *ABOUT SIXTY: Why Every Sherlock Holmes Story is the Best*(Kindle Edition), Maryland: Wildside Press, 2016.

Redmond, C., Dirda, M., Revels, T. J., Kaoukakis, C., Smith-Josephy S., Morris, J., Bond, S., Katz, R. S., Davies, D. S., Kellogg, R. E., *About Being a Sherlockian: 60 Essays Celebrating the Sherlock Holmes Community*(Kindle Edition), Maryland: Wildside Press LLC, 2017.

Sims, M., *Arthur & Sherlock: Conan Doyle and the Creation of Holmes*(Kindle Edition), Bloomsbury Publishing, 2017.

Stashower, D., *Teller of Tales: The Life of Arthur Conan Doyle*(Kindle Edition) New York: Henry Holt and Co., 2014.

The Editors Of LIFE, *LIFE Sherlock Holmes: The Story Behind the World's Greatest Detective*(Kindle Edition), New York: Life, 2017.

Weller, Philip, *The Hound of the Baskervilles: Hunting the Dartmoor Legend*, Wellington: Halsgrove, 2001.

Wheeler, T. B., *The Mapped London of Sherlock Holmes*(Kindle Edition), London: London Secrets, 2015.

사진 크레디트

클래식 클라우드 020

코넌 도일

1판 1쇄 인쇄 2020년 5월 27일
1판 1쇄 발행 2020년 6월 3일

지은이 이다혜
펴낸이 김영곤
펴낸곳 아르테

아르테클래식본부 본부장 장미희
클래식클라우드팀 팀장 권은경
책임편집 김슬기 클래식클라우드팀 임정우 박병익 오수미
영업본부 이사 안형태
영업본부 본부장 한충희 영업 김한성 이광호
제작 이영민 권경민
디자인 박대성 일러스트 최광렬

출판등록 2000년 5월 6일 제406-2003-061호
주소 (10881) 경기도 파주시 회동길 201(문발동)
대표전화 031-955-2100 팩스 031-955-2151

ISBN 978-89-509-8827-2 04000
ISBN 978-89-509-7413-8 (세트)
아르테는 (주)북이십일의 문학·교양 브랜드입니다.

(주)북이십일 경계를 허무는 콘텐츠 리더

네이버오디오클립/팟캐스트 [김태훈의 책보다 여행], 유튜브 [클래식클라우드]를 검색하세요.
네이버포스트 post.naver.com/classic_cloud
페이스북 www.facebook.com/21classiccloud
인스타그램 www.instagram.com/classic_cloud21
유튜브 youtube.com/c/classiccloud21